게으름도 습관이다

무기력과 작심삼일에서 벗어나
내 삶의 주도권 되찾기

게으름도 습관이다

| 최명기 지음 |

알키

게으름은 왜
고치기 **어려울까요?**

저희 병원에는 아이들을 데리고 찾아오는 부모님들이 종종 있습니다.

"이상해요. 아무런 이유도 없이 아이 성적이 계속 떨어져요."

"아이가 열심히 공부하긴 하는데, 왜 성적이 안 오를까요?"

"아이가 얼마나 게으른지 못 봐줄 지경이에요. 성적은 당연히 바닥이고요."

이럴 경우, 아이들을 대상으로 각각 '심리 검사' '지능 검사' '적성 검사'를 해서 성적이 잘 나오지 않는 이유를 탐색하게 됩니다. 그런데 이 세 가지 검사 중에 어떤 검사가 제일 중요할까요? 바로 '심리 검사'입니다.

특히 중학생이 되면서 성적이 급격히 떨어진 아이들을 대상으로 심리 검사를 해보면 분노 수치, 우울 수치, 불안 수치가 상승해 있는 경우가 많습니다. 대체로 체벌을 비롯한 지나친 훈육 때문에 고통받고 있어서 그런 편인데요. 이처럼 게으름을 이야기할 때 빼놓을 수 없는 것이 '심리' '성격' '감정'인데도, 이를 무시하고 지금까지는 표면적인 증상만을 해결하려는 시도가 많았습니다. 이는 병의 근본적인 원인을 제거하지 않고, 나타난 증상만을 고치려는 것과 다름없는데도 말이죠. 달리 말하면, 게으름을 고친다는 것이 그렇게 간단한 일이 아니라는 것입니다.

타고나는 성격, 타고나는 게으름

과거에는 인간이 백지 상태에서 큰다고 생각했습니다. 하지만 DNA나 유전자 연구가 본격화되면서 인간의 마음은 백지가 아니라는 것이 점점 명확해지고 있습니다. 누군가는 키가 크고 누군가는 키가 작듯이, 누군가는 코가 오뚝하고 누군가는 납작하듯이, 인간의 마음도 어느 정도는 타고난다는 것이 지금은 정설이 되었죠.

결국 타고나길 사소한 스트레스도 견디지 못하는 사람이 있는 반면, 항상 허허 웃으며 즐겁게 사는 사람도 있다는 것인데요. 심리학자들이 수십 년간 동양인, 백인, 흑인, 오지에 사는 원주민 등을 연구해 뽑아낸 5가지 성격 요인이 있습니다. 이른바 '빅 파이브Big Five'로 불리는 이 이론에 따르면 인간은 '외향성Extraversion' '신경성Neuroticism' '성실성Conscientiousness' '친화성Agreeableness' '개방성Openness'의 5가지 요인을 기준으로 성격이 형성된다고 합니다. 즉, 이 5가지 요소가 어떻게 조합을 이루느냐에 따라 성격 차이가 생겨난다는 것이죠.

그런데 게으른 사람들은 이 가운데 '성실성' 수치가 낮은 경향이 있습니다. 여기까지는 충분히 짐작할 수 있는 부분이죠? 그런데 재미있는 점이 있습니다. 바로 이들은 '신경성' 수치가 지나치게 높거나 낮다는 점입니다.

신경성 수치가 지나치게 높으면 작은 일에도 불안해하고 긴장합니다. 따라서 집중을 잘 하지 못하고 어쩔 줄 모르죠. 그냥 마음 편하게 빈둥거리면서 게으름을 피우는 것이 아니라, 계속 일이 제대로 되지 않을 것을 걱정하면서 안절부절못하는 것입니다. 반대로 신경성 수치가 지나치게 낮으면 걱정이 사라져 낙관적으로 변합니다. 만약 신경성 수치가 낮으면서 성실성 수치가 높으면 겁은 없지만 동시에 계획적이어서 서로 보완이 되는데요. 성실성과 신경성이 동시에 낮으면 대책이 없어지죠. 옆에서는 "저러다 어쩌려고 그러지" 하며 발을 동동 구르더라도 정작 본인은 될 대로 되라는 식으로 느긋하게 무대포식 생활을 이어갑니다.

더 심각한 경우는 성실성과 신경성 수치가 낮은 것도 모자라 외향성만 높은 사람입니다. 이런 사람은 밖으로 놀러 다니는 것만 좋아합니다. 누가 옆에서 아무리 잔소리를 하고 화를 내도 천하태평입니다. 평생 빌붙어 사는 인생일 수밖에 없는 거죠.

게으름도 습관이다

그렇다면 이런 타고난 게으른 성격이 바뀌긴 할까요?

성격 자체를 바꾼다는 것은 대단히 어려운 일입니다. 어쩌면 불가능에 가까울지도 몰라요. 게으름도 습관이기 때문입니다.

습관화란 결국 뇌에 그 습관에 해당되는 뉴런 사이의 네트워크가 생겼다는 것을 의미합니다. 예전에는 기억이 완전히 심리적인 것이라고 여겨졌지만, 최근 과학자들은 기억의 상당 부분이 뇌 안에서 이루어지는 분자물리학적 과정이라는 것을 밝혀냈습니다. 뇌에는 '뉴런'이란 신경세포가 있고, 뇌세포를 연결하는 '시냅스'라는 구조가 있는데요. 바로 이 시냅스라는 구조를 통해 생각과 감정이 형성되고 전달된다는 것입니다.

쉬운 예가 바로 '길 찾기'입니다. 이사를 처음 해서 길을 찾아갈 때에는 신경을 써야 하지만, 나중에 익숙해지면 다른 생각을 하면서도 집을 찾아갈 수 있습니다. 아이가 글씨를 배우는 것, 어른이 운전을 배우는 것 모두 같은 원리죠. 일단 익히고 나면 몸이 기억하는 것입니다.

'게으름' 역시 마찬가지로 생각해볼 수 있습니다. 우리가 흔히 '게으름이 몸에 뱄다'는 표현을 사용하는데요. 정말 맞는 말입니다. 이는 곧 게으름 피우는 패턴이 뇌에서 만들어졌다는 말이 되기 때문입니다. 바꿔 말하면 나쁜 습관을 바꾼다는 것은 뇌에 이미 형성된 물리적인 네트워크를 바꾼다는 것인데요. 이미 형성된 것을 바꾸려면 매일 반복된 행동을 통해 조금씩 변화를 일으켜야 하는 것인데, 이것이 말처럼 쉽지 않다는 게 문제입니다.

이렇게 생각해보세요. 습관은 지우개로 지우기 쉽게 백지에 쓰인 글씨가 아닙니다. 오히려 대리석에 조각된 문양이라는 쪽이 더 적절한 비유일 겁니다. 그 정도로 습관을 바꾼다는 건 쉬운 일이 아니라는 것입니다.

그래도 고칠 수 있는 이유

이렇게 고치기 어려운 게으름, 대체 어디서부터 어떻게 접근해야 하는 걸까요?

먼저 모든 문제 해결을 위한 시작이 그렇듯, 게으름 역시 그 원인을 제대로 분석하는 것이 필요합니다. 앞서 게으름은 타고난 성격에 기인하는 경우가 많다고 말씀을 드렸는데요. 단순히 '게으른 성격'이 있다기보다는 다양한 성격적 요소가 융합해 '게으른 습관'으로 이어지는 '감정적 문제'를 만들어낸다고 보는 것이 정확합니다. 때문에 타고난 성격 자체를 고치기 위해 노력하기보다는 현재 나의 감정적 문제가 무엇인지를 먼저 파악해, 이것이 게으름에 얼마나 나쁜 영향을 주고 있는지 확인하고, 이를 해결하기 위한 방법을 찾아야 합니다. 예를 들어, 친화성 수치와 성실성 수치가 동시에 낮은 사람의 경우 남들과 잘 어울리지 못하고 문제의 원인을 남에게로 돌리는 경향이 강한데요. 여기에서 발생하는 타인에 대한 '분노' 감정을 파악하고 이를 다스릴 수 있어야 한다는 것입니다.

감정 문제가 정리됐으면, 그다음으로는 게으름을 불러일으키는 다양한 장애물들을 제거해야 합니다. 아무리 성실한 사람이라도 방해물이 나타나면 잠시 멈춰 설 수밖에 없습니다. 이 방해물은 때때로 외부적인 환경이 될 수도 있고, 나를 괴롭히는 인간관계도 될 수 있습니다. 이런 방해물들을 파악해 하나씩 해결해나가야 합니다.

마지막으로, 게으름뱅이에서 벗어나 부지런한 사람이 되기 위한 실질적인 습관을 만들어가야 합니다. 그 습관은 아주 작은 것에서 시작해 내 생활을 기록해 하나하나 따져보고, 점수를 매기고, 더 나은 사람이 되기 위한 방법을 고민하는 단계로 나아가야 합니다. 그리하여 궁극적으로는 내가 온전히 내 삶의 주도권을 되찾아 내가 원하는 모습의 내가 될 수 있어야 합니다. 감정에 휘둘리고 후회하는 삶과는 이제 작별해야 하는 것이죠.

물론 쉽지 않은 과정일 것입니다. 하지만 게으름에서 벗어난다는 것이 결국 진정한 나 자신을 찾는 것이라고 본다면, 이는 우리 모두가 살면서 반드시 거쳐야 하는 삶의 한 과정임을 이해해 주셨으면 합니다.

자기 삶을 온전히 자신의 것으로 만들고자 이 책을 펼쳐든 여러분 모두에게 행운을 빕니다.

최명기

차례

2장 의지력을 흐리는 장애물 제거하기

3장 선천적 '게을러너'에서 후천적 '부지러너'로

1장

문제는
감정이다

흔히 게으름은 '의지력의 문제'라고 말합니다.
하지만 게으름은 대부분 '감정의 문제' 입니다.
자꾸 해야 할 일을 미루게 되고 무기력해진다면
감정을 먼저 들여다보세요.

자꾸 좀이 쑤셔서 못 하겠어요

: 불안감

오늘부터 영어공부를 시작하기로 굳게 마음먹고 책상 앞에 앉아 영어책을 펼쳤을 때, 우리 눈앞에는 "나 좀 닦아줘요"라고 애원하는 먼지 쌓인 컴퓨터 혹은 "나부터 깎아줘요"라고 외치는 뭉툭한 연필이 어김없이 눈에 띕니다. 이럴 때 우리는 이 친구들을 도저히 외면할 수 없다는 듯이 한 마디를 툭 내뱉죠.

"그래, 이것부터 하고 해야지."

그러고 나면 기다렸다는 듯이 다른 것들이 속속 고개를 내밉니다. 제멋대로 필기구가 꽂혀 있는 연필통과 헝클어진 책상 서랍을 겨우 정리하고, 계절 지난 옷들을 옷장에 넣어놓고, 뽀얗게 먼지가 내려앉은 냉장고 위까지 연신 닦아내고 나면, 어느새 시

PANG
PANG
공부하기 전에 할 일이 너무 많아...
SUMMER

간은 휘리릭 지나가 새벽.

"첫날부터 무리하면 안 돼. 내일부터 열심히 해야지."

다음 날에는 왠지 공부 계획표가 문제인 것 같아 이것을 다시 짜느라 몇 시간을 보냅니다. 그다음 날에는 스마트폰 게임을 몇 판만 하고 해야지, 하다가 또 날을 샙니다. 이렇게 사흘, 나흘이 같은 패턴으로 흐르고 나면, 자괴감에 빠졌다가 짜증이 났다가 결국 체념에 이르게 되죠.

"내 주제에 무슨 영어냐. 국어나 잘 써야지."

결과에 대한 걱정

얼핏 생각하면 불안과 게으름은 전혀 관계가 없는 것처럼 느껴집니다. 그렇지만 이렇게 생각해보세요. 무언가 마음먹은 일을 하려고 할 때마다 지금 당장 할 필요가 없는 일들이 하나씩 눈에 들어옵니다. 결국 참지 못하고 그 필요 없는 일부터 하느라 정작 중요한 일을 미뤘던 경험, 한 번쯤 있지 않나요? 대체 그때 내가 왜 그랬을까 생각해보면, 답은 간단합니다. 바로 '불안해서' 그런 것이죠.

우리는 불안하면 더 열심히 해야 한다고 생각하면서도 필연적으로 딴짓을 하게 됩니다. 해야 할 일을 제대로 해내지 못하는 것도 문제지만, 그렇다고 마음 놓고 쉬지도 못한다는 게 더 큰 문제입니다. 시험기간 첫날, 시험공부를 제대로 못 했으면 차라리 다음 날을 위해 잠이라도 푹 자놔야 하는데, 딴짓을 하느라 공부는 공부대로 못 하고 잠은 잠대로 못 자는 학생이 딱 이런 경우입니다.

그렇다면 불안감은 왜 생기는 것일까요?

원래 작은 일에도 불안해하는 사람이 있습니다. 일종의 '성격'이라고 볼 수 있을 텐데요. 이를 일컬어 '특성 불안trait anxiety'이라고 합니다. 특성 불안이 강한 사람일수록 결과에 대한 걱정 때문에 제대로 일을 진행하기 힘들어합니다. 문서 작업을 하다가 계속 인터넷을 하기도 하고, 스팸메시지만 와도 스마트폰을 얼른 들고 만지작거리기도 합니다. 이런 분들의 경우 불안 그 자체를 가라앉히기 위해 노력해야 합니다.

불안감이 밀려들 때는 나만의 주문을 정해 한번 외워보세요. 의외로 빠른 시간 안에 마음이 잦아들곤 합니다. 기독교 신자라면 주기도문을 읊어도 좋고, 불교 신자라면 "나무아미타불"을 반복해도 좋아요. 그냥 "수리수리마수리"라고 해도 되고 "아브라카

다브라"도 괜찮습니다.

몸을 이용하는 이른바 '점진적 근육 이완법'도 도움이 됩니다. 불안해지면 온몸이 긴장을 해서 뻣뻣해지는데요. 이때 온몸의 근육을 하나하나 이완시켜보는 겁니다. 목욕탕에 가서 냉탕과 온탕을 반복해 왔다 갔다 하면 온몸이 나른해지듯이, 근육도 긴장과 이완을 반복하다 보면 나른해집니다. 여기에 긴장과 이완을 유도하는 호흡법을 사용해 긴장하면서 숨을 들이마시고, 이완하면서 숨을 내쉬면 훨씬 좋은 효과를 볼 수 있습니다. 주의할 것은 '5초 긴장, 5초 이완'의 규칙을 처음부터 끝까지 일관되게 유지해야 한다는 점입니다.

경쟁에 대한 두려움

좀 더 많은 경우는 평소엔 별로 불안해하지 않다가 특정 상태에서만 불안을 느끼는 것입니다. 이를 일컬어 '상태 불안state anxiety'이라고 부릅니다. 다른 일은 기가 막히게 잘 하는데 회의를 앞두고 엄청난 불안감에 떠는 회사원, 집안 살림을 그때그때 미루지 않고 잘 하다가도 시어머니가 방문한다는 이야기만 들으면 불안해하며 아무것도 하지 못하는 주부 등이 대표적인 사례라 할 수 있죠.

상태 불안이 최고조로 작동하는 경우는 바로 '경쟁 상황'입니다. 운동선수처럼 눈앞에 보이는 이와 승패를 다투는 것만이 경쟁이라고 할 수는 없습니다. 토익 시험, 임용고시, 대기업 입사…. 사실 이 모든 상황이 엄밀히 말하면 '경쟁'이라고 할 수 있을 겁니다.

흔히 영화나 드라마에는 경쟁을 즐기는 인간들이 등장합니다. 그런데 실제로 경쟁을 온전히 즐기는 사람이 과연 있을까요? 거의 없다고 봐도 무방합니다. 누구나 경쟁은 싫어합니다. 그런데 경쟁을 불안해하면서 '나는 왜 이렇게 유리 멘탈일까'라고 스스로를 원망하며 좌절하는 분들이 정말 많습니다. 이런 마음가짐이 불안을 더 가중시킨다는 사실을 모른 채 말이죠.

'이번에도 실패하면 고개를 어떻게 들고 다니지' '다짐한 걸 또 지키지 못했다고 얼마나 욕을 얻어먹을까' 하는 두려움은 스트레스로 다가오게 마련입니다. 결국 잠시라도 스트레스를 풀겠다며, 스마트폰 게임에 열중하거나 술을 마십니다. 우리나라에서 가장 공부를 많이 한다는 사람들이 모여 있는 노량진에 저녁 때 가보면, 그 많은 술집들이 사람들로 꽉꽉 들어차 있는데요. 바로 이런 이유 때문인 겁니다.

이렇게 해야 할 일을 뒤로 미루다 보면, 시험 등 마감일이 다가올수록 불안이 더 가중됩니다. 이유 없이 가슴이 두근거리고 머리나 배가 아프기도 합니다. 이런 신체적 반응까지 겪고 난 다음에는 점점 공부나 일이 안 될 수밖에 없습니다. 처음에는 억지로 버텨보지만, 나중에는 '에라, 모르겠다' 하고 아예 일을 손에서 놓아버리게 됩니다. 결국 게으름이 가중되는 악순환이 벌어집니다.

반면 경쟁에 따른 불안감에 대해 '남들도 나와 똑같을 거야'라고 생각하는 이들도 있습니다. 이들은 때때로 불안감을 느끼긴 하지만, 그래도 머뭇거리며 매일 일정량의 공부나 일을 꾸준히 해나갑니다.

여기서 우리가 알 수 있는 사실. 세상에 경쟁을 좋아하는 사람은 없으며, 잘나가는 것처럼 보이는 사람도 실은 경쟁 때문에 스트레스를 받고 불안해한다는 것. 이것을 단지 '아는 것'만으로도 우리의 불안은 상당 부분 해소될 수 있다는 것입니다. 꽤나 위안이 되는 이야기 아닌가요?

약간의 흥분 모드가 좋다

조금 더 깊이 들어가 볼까요?

불안은 '인지 불안cognitive anxiety'과 '신체 불안somatic anxiety' 두 가지 양상으로 나타납니다. 인지 불안은 '이렇게 되면 어떻게 하나' 하는 걱정, '나는 원래 잘 떨잖아' 하는 스스로의 불안 성향에 대한 자각에서 비롯됩니다. 이로 인해 발생하는 신체적 변화, 즉 가슴이 떨리고 얼굴이 하얘진다든지 입술이 바싹 마르고 손발에 땀이 난다든지 어지럽고 속이 불편해진다든지 하는 변화가 바로 '신체 불안'입니다.

이런 인지 불안과 신체 불안이 엎치락뒤치락 하며 좋지 않은 쪽으로 상호 작용을 하다 보면, 불안이 점점 더 극대화되며 악순환이 벌어지는 것인데요. 여기서 놀라운 사실이 하나 있습니다. 바로 그렇게 되기 전, 우리의 인지적·신체적 상태를 불안 초기 모드에 맞춰둘 수만 있다면, 게으름을 잡는 것은 물론 일의 능률을 한껏 올릴 수도 있다는 것입니다.

다음 페이지에 등장하는 그래프는 이와 관련한 우리의 네 가지 상태를 나타냅니다.

흔히 약간의 흥분 상태를 말할 때 '아드레날린이 분비됐다'고

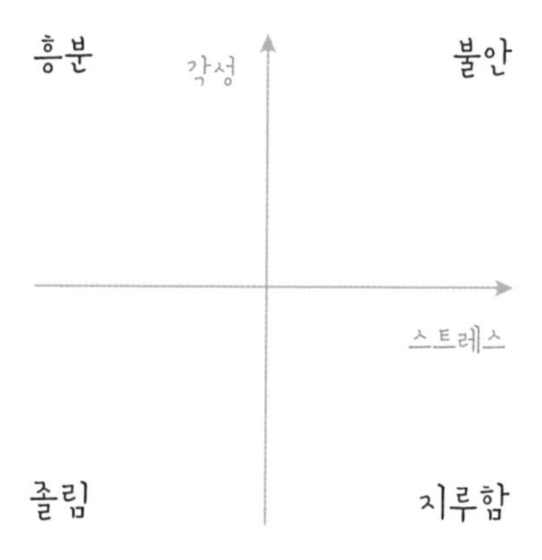

하죠? 그렇게 각성이 됐지만 스트레스는 낮은 상태가 '흥분' 상태라고 할 수 있는데요. 이런 흥분 상태에서는 집중이 잘 돼 공부를 하든 일을 하든 생산성이 높습니다.

그러나 지금까지 계속 이야기한 대로 각성 수준과 스트레스 수준이 동시에 높은 '불안 상태'에서는 집중력이 떨어지게 마련입니다. 각성 수준은 낮고 스트레스 수준은 높은 '지루함' 상태나, 각성 수준과 스트레스 수준이 모두 낮은 '졸림' 상태에서도 마찬가지입니다. 반복적이면서 육체적으로 고된 일을 하게 될 때는 '지루함' 상태에 놓일 가능성이 크고, 육체적으로 고되지는 않지만 단순한 일을 하게 될 때는 '졸림' 상태에 놓일 가능성이 큽니다. 두 가지 모두 적성에 맞는 사람이라면 괜찮겠지만, 대부분의 사람들은 이런 상황에 처하면 자극을 그리워하며 좀 더 재미난 일이 없을까 궁리하다 딴짓을 하게 됩니다. 게으름을 피우게 되는 것이죠.

결국 하고자 하는 일에 흥미를 잃지 않으면서 꾸준히 해나가려면 약간의 '흥분 상태'를 유지해야 한다는 것인데요. 이를 위해서는 적절한 자극이 필요합니다. 가장 좋은 것은 지루한 일과 재미있는 일을 교대로 하는 것입니다. 즉, 지루하지만 반드시 해야 할 일을 먼저 하다가 너무 힘들 때쯤 딱히 중요하진 않더라도 내가 좋아하는 일을 하는 것입니다. 이렇게 두 가지를 반복적으로 병행하다 보면 일정 부분 흥분이 유지됩니다.

그러기 힘든 상황이라면, 하기 싫은 일을 하면서 동시에 자극이 될 만한 요소를 더하는 것이 좋습니다. 라디오를 켜고 좋아하는 DJ의 목소리를 듣거나 음악을 들으며 할 일을 하는 거죠.

이렇게 할 수 있는 환경이 아닐 때는 시간을 재는 것도 도움이 됩니다. 사람은 시간이 마냥 주어져 있다고 여길 때는 쉽사리 게으름을 피웁니다. 하지만 5분 안에 끝내야 한다고 생각할 때는 태도가 달라지죠. 30분 정도로 끝낼 수 있는 일을 1분, 5분, 10분 단위로 쪼개보세요. 그리고 '5분 안에 여기까지 끝낼 거야'라고 스스로에게 과제를 줍니다. 초침이 째깍째각 흘러가는 것을 보면 긴장하게 되면서 흥분 모드에 돌입하게 됩니다. 이에 따라 지루하게 느껴지고 하기 싫던 일이 일종의 게임처럼 느껴지면서 훨씬 몰입할 수 있습니다.

게으름과 헤어지는 법

- 불안감이 커질 때마다 나만의 주문을 정해 외워보세요.
- 그래도 나아지지 않으면 '점진적 근육 이완법'을 써보세요. '5초 긴장, 5초 이완'을 지켜가며 불안이 잦아들 때까지 반복해봅니다.
- 목표 달성을 위해 약간의 흥분 상태를 유지해보세요. 지루한 일과 재미있는 일을 교대로 반복하거나 시간을 잘게 쪼개어 스스로 마감시간을 정해봅니다.

그냥 아무것도 하기 싫어요

: 의욕 상실

'아무것도 하기 싫다'는 생각이 들 때가 있습니다. 내가 이것을 왜 해야 하는지도 알고, 반드시 해야 한다는 생각도 분명히 있는데, 당최 일이 손에 잡히지 않는 것입니다. 이해할 수가 없습니다. 어떻게든 해보려고 시도를 하긴 하지만, 곧 머릿속은 다른 곳을 향합니다.

'그냥 다 때려치우고 조용한 곳에 가서 잠이나 실컷 잤으면 좋겠어.'

이런 생각만 자꾸 듭니다. 만사가 다 귀찮고 손 하나 까딱하고 싶지도 않습니다. 내 몸속에서 모든 의욕이 사라져버린 것만 같습니다.

남김없이 소진되었을 때

연일 이어지는 폭풍 같은 야근, 과제, 공부 등으로 몸도 마음도 완전히 그로기 상태가 되었던 경험, 이 책을 읽어볼 정도로 열정이 있는 여러분이라면 한 번쯤 있었을 것입니다. 다행인 사실은 그런 엄청난 일들의 경우 대체로 기한이 정해져 있어서 일단 끝내고 나면 재충전의 기회가 생기곤 한다는 것입니다. 아무리 체력이 좋고 강인한 정신력을 갖고 있는 사람이라 할지라도 끝없이, 계속해서 달릴 수는 없는 법입니다.

그런데 그렇게 말도 안 되는 일이 현실에서는 종종 벌어집니다. 끝없이, 계속해서 달리다가 문제가 생기는 분들이 적지 않다는 것입니다.

몇 년 전부터 우리나라에서도 '번아웃 증후군burn out syndrome'이란 말이 널리 알려졌습니다. 번아웃이란 말 그대로 '다 타고 없어져버렸다', 즉 '회복하기 힘들 만큼 완전히 소진됐다'는 뜻입니다. 그야말로 끝없이, 계속해서 달리다가 완전히 주저앉게 되는 상태에 내몰리는 것입니다.

단순히 자신에게 주어진 일이 너무 많다거나 너무 힘들어서 번아웃 상태가 되는 것은 아닙니다. 일이 끝도 없이 이어질 때,

처음에는 '내가 정말 잘 하고 있는 걸까?' 하는 회의감이 몰려옵니다. 당연히 아닌 것 같죠. 그러다 보면 '아, 그냥 다 때려치우고 싶다'는 생각만 듭니다. 그럴 수만 있다면 어디론가 달아나고도 싶습니다. 때때로 대상 없는 분노도 치밉니다. 막연히 나를 이렇게 어려움에 빠뜨린 누군가에게 해코지를 하고 싶다는 생각도 들고, 출구를 찾지 못하고 이렇게 사느니 그냥 확 죽어버릴까 하는 극단적인 생각마저 듭니다.

실제로 얼마 전 일본에서는 유명 광고 회사 덴츠의 신입사원이 과중한 업무로 인해 고통을 받다 극단적인 선택을 한 일이 있었습니다. 이 일을 두고 어떤 이들은 "아니, 회사를 그만두면 될 일이지, 왜 자살을 하느냐"며 이해할 수 없다는 반응을 보이기도 했죠. 하지만 그런 가혹한 업무 환경에 내몰린 상황에서는 충분히 일어날 수 있는 일이었습니다. 번아웃 상태가 되면 정신의 에너지마저 모두 고갈되어, '죽고 싶다'는 생각에 사로잡힐 가능성이 큰 것입니다.

번아웃의 징후는 다음과 같이 나타납니다. 우선 무언가를 하려고 하다가도 최악의 상태부터 떠올립니다. 이른바 '재앙화'라고 하죠. 또한 자신이 절망 상태에서 아무것도 하지 않은 데는 다 이유가 있다고 주장합니다. '합리화'라고 하죠. 그러면서 자기 자신을 "머저리" "등신" "재수 없는 놈"이라고 부르기도 합니다. 이는 '명명하기'입니다.

이러한 일련의 사고 흐름이 형성되는 한편, 자꾸 이유 없이 몸이 아프게 되면서 아무것도 하지 못하게 됩니다. 집안 문제로 번아웃이 찾아왔으면 직장에서도 엉망이 되고, 직장 문제로 번아웃이 찾아왔으면 집안에서도 엉망이 됩니다. 그래서 나중에는 어디에도 기댈 곳이 없어지죠. 점점 고립되고 자신감도 저하됩니다. 우울증은 기본입니다. 이런 상태라면 짜증이 나서 도저히 일을 할 수가 없습니다.

이런 모습을 겉으로만 봤을 땐 당연히 '게으름을 피운다'고 여길 수 있습니다. 하지만 이는 게으름은커녕 치료를 요하는 대단히 위험한 상태입니다. 아무리 급하고 중한 일이라 해도 건강보다 우선일 수는 없습니다. 이럴 때는 무조건 쉬어야 합니다. 나를 괴롭히는 모든 문제로부터 신경을 다른 곳으로 분산시키고, 경우에 따라서는 현재 내게 고통을 주는 상황 자체로부터 달아나야 합니다. 우울증도 치료해야 하고요.

세상에는 열심히 하면 할수록 무덤만 더 깊게 파는 꼴인 일도 분명 있습니다. 내 몸과 마음이 극도로 피폐해졌다고 느껴질 땐, 일단 모든 것에서 손을 떼고 상황을 하나씩 바꿔가면서 천천히 몸과 마음을 회복해나가야 합니다.

학습된 무기력의 문제

인간을 가장 괴롭게 하는 것 중 하나가 바로 숫자로 평가를 받는 것입니다. 누군가가 나를 남과 비교하며 무시할 때, 그 기준에 숫자가 개입될 경우 몇 배로 더 자존심이 상하게 마련입니다. 직장인의 경우 그런 기준은 연봉이 될 것이고, 학생의 경우에는 등수가 될 것입니다. 주부의 경우에는 살고 있는 집 평수가 그 기준이 되곤 합니다.

이렇게 숫자는 우리를 기분 나쁘게 만드는 평가 수단이지만, 사실 우리는 어려서부터 숫자로 평가받는 삶을 살아오고 있습니다. 초등학생 때부터 줄곧 성적에 관한 이야기를 듣게 됩니다. "넌 왜 이렇게 공부를 못하니?" 같은 이야기는 그나마 나은 편입니다. 국어, 영어, 수학 같은 주요 과목은 물론이고 음악, 미술, 체육 같은 예체능 과목까지 골고루(?) 못하는 아이들은 "너는 잘 하는 게 뭐니?" "넌 대체 커서 뭐가 되려는 거야?" 같은 이야기까지 귀에 못이 박히게 듣게 됩니다.

좋은 이야기도 한두 번인데, 이런 힐난을 어렸을 때부터 계속 들어온 사람은 점점 의욕을 잃어버릴 수밖에 없습니다. 이런 경우를 '학습된 무기력learned helplessness'이라고 하죠. 이런 학습된 무기력 상태가 성인이 되어서까지 이어지면, 활기를 모르는 게으른 인간이 될 수밖에 없습니다.

우리의 뇌세포는 아주 많이 특화된 신경세포입니다. 노벨생리학상을 수상한 신경생물학자 에릭 캔들Eric Richard Kandel은 바다 달팽이의 일종인 '군소'의 신경세포를 자극하는 실험을 한 바 있는데요. 이 실험에서 통증 자극을 줄수록 신경세포가 더욱 빨리 통증을 전달하는 것을 확인할 수 있었다고 합니다. 이 말은 곧 우리가 살아가면서 느끼는 기쁨, 슬픔, 즐거움, 사랑, 증오 모두 학습될 수 있다는 것을 뜻합니다. 마찬가지로 학교에서건 직장에서건 가정에서건 계속 자신의 약점을 지적당하고 야단을 맞다 보면 무기력이 학습될 수밖에 없는 것입니다. 그렇게 자부심을 회복하지 못할 경우, '나는 잘하는 것이 아무것도 없는 쓸모없는 존재'라는 느낌에 사로잡혀 인생을 허비하게 됩니다.

스스로가 '선천적으로 게으르다'고 생각하는 분들의 마음을 들여다보면 이렇듯 학습된 무기력에 빠져 있는 경우가 많습니다. 정말 안타까운 일입니다. 이런 분들의 경우 자존감의 회복이 선행되어야 무기력과 게으름의 문제도 해결할 수 있는데, 자존감의 회복이라는 게 하루아침에 쉽게 이루어지는 일이 아니기 때문이죠. 이 문제에 대해서는 뒷부분(p.253)에서 더 자세히 다뤄 보겠습니다.

게으름과 헤어지는 법

- 최근 자신이 너무 부정적인 생각에 빠져 있고 심지어 '죽고 싶다'는 생각이 든다면, 과감히 모든 것에서 손을 떼고 휴식을 취해야 합니다. 여러 가지 사정상 그럴 수 없다면 최소한 며칠만이라도 시간을 내어 여행을 다녀오세요. 궁극적으로 그것이 내가 더 부지런해지는 길입니다.
- '나는 쓸모없는 존재'라거나 '나는 선천적으로 게으른 존재'란 생각이 든다면, 자존감의 회복을 우선에 두어야 합니다. 자존감 회복에 관해서는 좋은 책이 많이 나와 있지요. 《자존감 수업》이나 《자존감의 여섯 기둥》 같은 책을 추천합니다.

화가 나서 참을 수가 없어요

: 분노

게으름과 대단히 밀접한 감정 중 하나가 바로 '분노'입니다. 그도 그럴 것이 내가 정말 하고 싶지 않고 왜 해야 하는지도 모르겠다 싶은 일이지만 반드시 해야 할 때 혹은 내가 싫어하는 사람이 무조건 하라고 시킨 일을 도저히 거절할 수 없을 때 우리는 소심한 반항의 표시로 게으름을 피우게 되기 때문이죠.

하겠다고 하고 안 하는 이유

이런 분노가 아예 성격에 자리 잡고 있는 분들도 있습니다.

여기 끝없이 자식을 몰아세우는 어머니가 있습니다. 자식이 열심히 해서 목표를 달성하면, 어머니는 또 그다음 목표를 향해서 자식을 밀어붙입니다. 자식은 아무리 자신이 열심히 해도 어머니가 만족하는 법이란 없음을 어느 순간 깨닫습니다. 끝없이 자신에게 압력을 가할 것을 알게 되는 것이죠.

자신을 계속해서 몰아세우는 어머니를 느낄 때마다 분노가 치밀어 오르지만, 화를 내면 어머니가 더 난리를 칠 것이 뻔하기에 참아야만 합니다. 게다가 어머니의 말을 대놓고 무시할 수도 없습니다. 그러기엔 어머니가 너무 무섭습니다.

결국 어머니가 무언가를 시키면 그 앞에서는 일단 하겠다고 하고 뒤로는 딴청을 피우기 시작합니다. 시키는 것을 제때 완수하면 할수록 어머니가 계속 무언가를 시킬 것이 틀림없기 때문에 가능하면 일을 뒤로 미루려는 것입니다. 어머니는 이런 자식이 게을러터졌다고 속상해하지만 자식 입장에서는 이것이 지극히 합리적인 반응입니다.

하지만 이렇게 게으름이 몸에 배게 되면, 당연히 부작용이 발생합니다. 조금이라도 마음에 안 드는 일을 누가 시키면 짜증을 부리면서 앞에선 알았다고 하고 뒤에선 안 하는 겁니다. 그렇게 계속해서 미루고 미루니 제때 일을 마치는 법이 없죠. 학교나 직장에서는 물론 나중에 결혼을 해서 가정을 꾸리고 나서도 마찬가지입니다. 이런 이들을 일컬어 '수동공격적 성격'을 가졌다고 말합니다.

수동공격적 성격을 지닌 이들은 학교에서는 선생님, 대학에서는 교수님, 직장에서는 상사, 결혼 전에는 연인, 결혼해서는 배우자나 배우자의 부모님이 무언가를 시키면 일단 무조건 알겠다고 합니다. 싫어도 좋은 척하는 것인데요. 사실 속으로는 무척 짜증을 내죠. 그래서 이 핑계, 저 핑계를 대며 일을 미룹니다. 그러다 결국 일이 제대로 안 돼 상대가 화를 내거나 야단을 치는 상황이 되면, 분노가 더욱 심해집니다. 마지못해 하는 척하다가 또 펑크를 냅니다.

자기 자신이 주어진 일을 대체로 잘 처리하지 못하는 편이라면, 스스로가 이런 수동공격적 성향을 갖고 있는 것은 아닌지 의심해보아야 합니다. 그리고 내게 이 일을 하게 만든 대상에게 뜻 모를 분노를 품고 있는 것은 아닌지에 대해서도 고민해보아야 합니다. 이 분노가 우선적으로 해결되지 않으면, 습관적 게으름을 고치는 것은 불가능하기 때문입니다.

분노는 스트레스를 부른다

분노의 가장 큰 문제는 사람을 지치게 한다는 데 있습니다. 분노를 하게 되면 스트레스 호르몬의 레벨이 급상승해 이른바 '스트레스 반응'이 발생합니다. 스트레스 반응이란 일종의 생존 반응입니다.

맹수가 쫓아온다고 생각해보세요. 극도의 흥분 속에서 모든 신체적 능력이 최대화되는데, 그 결과 심장이 두근거리고, 온몸이 떨리고, 배도 고프지 않습니다. 즉, 생존에 필요한 능력에 온 에너지가 집중되다 보니 그 외의 것에 쓸 에너지가 없어져, 감정이 무뎌지고 둔해지고 반응이 느려지는 것입니다.

분노에 사로잡히면, 죽느냐 사느냐의 문제가 아닌데도 이와 같은 스트레스 반응이 뒤따릅니다. 금전 문제, 직장 문제, 인간관계 문제는 생사가 걸린 일이 아니지만, 우리의 뇌는 이를 그렇게 인식합니다. 그래서 우리에게 절망하고 우울에 빠지라고 종용하죠. 이에 따라 주위 자극에 대한 반응이 사라지고, 나 자신 혹은 주변이 낯설게 느껴지기도 합니다. 오로지 내게 스트레스를 주는 상황만이 머리에서 떠나지 않아 잠도 못 자고, 집중도 안 됩니다. 사소한 일에도 화를 내고, 아주 긴장하게 되죠. 심한 경우 공포,

싫어! 하기 싫어!

어쩔 수 없지... 내가 할게.

절망, 두려움에 사로잡히고 희망이 없다는 생각도 듭니다. 피곤하고 몸을 움직이기도 힘들고요. 사정이 이렇다 보니 더욱더 게을러질 수밖에 없습니다.

분노로 인한 게으름 다스리기

분노를 해결하지 못하면 게으름 역시 해결할 수 없습니다. 그러나 분노를 해결한다는 게 쉬운 일은 아닙니다. 사람에 따라, 상황에 따라 분노에도 여러 원인과 양상이 있을 수 있기 때문입니다. 다만, 우리가 분노를 대하는 태도나 마음가짐만큼은 변화시킬 수 있습니다. 이것만 바뀌어도 분노에 따른 많은 문제를 해결할 수 있으니, 불행 중 다행이라고 해야 할까요?

먼저 누군가가 해야 한다고 한 일이 너무 하기 싫다면, 같은 이야기를 내가 좋아하는 사람에게 들었다고 생각해보세요. 인간에게는 양가감정이 있습니다. 그래서 아무리 듣기 싫은 말이라도 무시할 수가 없는 것인데요. 해야만 한다는 것은 알지만, 누군가에 대한 분노 때문에 그 말이 맞다는 것을 인정하기 싫을 때가 있습니다. 이럴 때, 같은 말을 다른 사람에게 듣는다고 생각해보는 연습은 꽤나 도움이 됩니다.

기본기에 충실해야 한다는 이야기를 학교 운동 코치가 할 때는 짜증이 납니다.

'또 운동장 몇 바퀴 더 뛰라는 소리 아냐.'

이런 삐딱한 생각마저 들죠. 하지만 평소 자기가 존경하던 유명 프로축구 선수에게 같은 이야기를 들었다고 해보세요.

'맞아, 맞아. 기본기가 제일 중요한데 그동안 내가 너무 소홀했지.'

이런 연습이 잘 되지 않는다면 SNS나 인터넷 커뮤니티에 질문을 한번 올려보세요. 보다 객관적인 의견을 듣고 나면 마음이 조금 가라앉게 마련입니다.

대놓고 말썽을 피우는 것도 한 방법입니다. 엄마가 나에게 무언가를 하라고 시킨 것 자체로 너무 스트레스를 받게 된다면, 엄마가 싫어하는 사소한 일들을 저지르며 말썽을 부려보는 겁니다. 그러다 보면 '내가 엄마 마음을 이렇게 아프게 했으니 엄마 말도 좀 들어야겠네' 하는 생각이 들기도 합니다. '내가 너무했나' 하는 생각과 함께 약간의 죄책감이 들기도 하죠. 그러면서 엄마에 대한 분노가 누그러들며 엄마가 하라는 일을 슬쩍 시작하게 되는 겁니다.

게으름과 헤어지는 법

- 특정한 사람이 시킨 일을 제대로 해내지 못하고 있다면, 그 사람에 대해 분노 감정을 갖고 있는 것은 아닌지 의심해보아야 합니다. 이 분노의 원인이 그 사람에게 있는 것인지 혹은 그 이전 다른 사람을 향하던 분노 감정이 그 사람에게 옮겨온 것인지 파악해보세요.
- 분노의 진짜 원인이 된 대상을 파악했으면 그를 상대로 사소한 말썽을 부려봅니다. 그가 싫어할 만한 일들을 저지르며 스트레스도 해소하고, 그에 대한 죄책감을 불러일으키는 것입니다.
- 만약 그럴 수 없는 상황이라면 그에게 편지를 써봅니다. 내 속마음을 가감 없이 모조리 드러내며 욕도 하고 화도 내보는 거죠. 그러고 나서 그 편지를 불태워버리거나 박박 찢습니다. 분노가 조금은 해소되는 것을 느낄 수 있을 거예요.

너무 신경이 거슬려서 뭘 할 수가 없어요

: 예민함

같은 사무실에 근무하면서도 누군가는 사무실이 너무 조용해 일이 잘 안 된다고 하고, 누군가는 사무실이 너무 시끄러워 일을 못하겠다고도 합니다. 똑같은 층간 소음에도 어떤 사람은 신경이 좀 거슬리는 정도라며 그냥 넘기지만, 어떤 사람은 일상생활에 지장이 있을 정도라며 거칠게 항변합니다.

물론 층간 소음 문제는 방음재를 충분히 사용하지 않은 건설사의 잘못 등이 개입된 복잡한 사안이기 때문에 섣불리 이렇다 저렇다 말하긴 힘듭니다. 이는 사회적인 관점에서 바라본 문제일 것이고요. 제가 하고자 하는 이야기는 이와 다른 층위의 문제, 즉 '민감성'에 관한 것입니다.

사무실 소음이나 층간 소음에 유독 예민하게 반응하는 분들처럼 작은 소리에도 화를 내고 짜증을 부리는 이들이 있습니다. 이들은 밤중에 째깍거리는 시계 소리마저 신경이 쓰여 잠을 이룰 수 없다고 말합니다. 멀리서 컹컹 짖어대는 개 울음소리도, 비 오는 날 빗줄기가 지붕을 때리는 소리도, 하다못해 샤프심을 꾹꾹 누르는 작은 소리마저 견디지 못합니다.

이렇게 온갖 사소한 것에 신경을 쓰다 보면 계획했던 일들을 아무것도 할 수가 없겠죠. 흔히들 예민한 사람이 꼼꼼하다는 인식이 있는데요. 사실 예민한 사람은 신경이 여러 갈래로 분산되어 있어서 웬만한 환경에서는 잘 집중하지 못해 그다지 효율적으로 일을 처리하질 못합니다. 너무 예민한 사람들이 무언가를 할 때 속도도 느릴 뿐더러(당연한 말이지만 이는 누군가의 눈에 게으른 것으로 비칠 수 있습니다) 최종 결과물에 실수가 많은 것도 바로 이러한 이유에서죠.

자신이 지나치게 예민하다는 생각이 든다면 애꿎은 외부 환경을 탓하기 전에 스스로의 마음을 다스리기 위해 우선 노력해야 합니다. 민감한 내 감각을 조금은 둔하게 만들 필요가 있는 것입니다.

모르는 게 약이 될 수도

예민한 이들 중에는 은연중에 세상 사람들이 모두 자기만 바라본다고 생각하는 이들이 있습니다. 청소년들 중에 이런 아이들이 많은데 이 아이들은 유독 머리 모양, 옷차림에 과도하게 신경을 쓰죠. 발달심리학자 데이비드 엘킨드David Elkind는 이를 일컬어 '상상적 관중imaginary audience'이라고 표현하기도 했습니다. 자기가 무대의 주인공이고, 주변 사람들은 모두 자기를 바라보고 있다고 여긴다는 의미입니다.

어른들이 보기에 이런 청소년의 모습은 유치하기 짝이 없습니다. 사람들은 생각만큼 타인에게 그렇게 신경을 쓰지 않는다는 걸 어른들은 알기 때문이죠. 이런 사실을 직설적으로 이야기하면 아이들은 이를 받아들이지 못하는 것은 물론 상처를 받기도 합니다. 아직 자아가 완전히 확립되지 않고 통합적인 사고가 덜 형성된 아이들로서는 타인에게 비치는 자기 모습이 무척 중요하기 때문입니다.

정작 문제는 어른이 되어서도 유난히 타인에게 신경을 쓰는 이들입니다. 이들은 신경 쓰이는 일이 있으면 온종일 아무 일도 하지 못합니다. 이들을 대상으로 심리검사를 해보면, 조금만 스트레스를 받아도 몸이 아프고, 감정 동요도 심하고, 일이 뜻대로 안 되면 안절부절못한다는 소견이 나옵니다. 그러다 보니 사는 것도 쉽지 않습니다. 이들의 마음은 도자기처럼 잘 깨지고, 난초처럼 민감하며, 애완견처럼 약합니다. 무언가를 열심히 해보려 하다가도 스트레스를 받는 일이 생기면, 아무 일도 하지 못하고 몇 날 며칠이 지나갑니다. 게으르고 싶어서 게으른 것이 아닌 것입니다.

저를 찾는 내담자들 중에는 이렇게 예민한 분들이 많습니다. 그분들 중에는 제가 약을 처방하며 그 부작용을 알려드리면, 그것이 신경 쓰여 약 복용을 망설이거나 치료 용량까지 약을 올리지 못하게 하는 분들이 꽤 있습니다. 급기야 어떤 분은 부작용을 설명해주지 말아 달라고 제게 부탁을 하더군요. 죽을 정도의 심각한 부작용이 아니면 차라리 모르는 편이 낫겠다는 것입니다.

물론 의사로서 그렇게 할 수는 없는 노릇이지만, 이 분의 이야기에도 어느 정도 일리는 있습니다. 이렇게 예민한 이들에게는 '모르는 것이 약'인 상황이 많습니다. 알아도 어떻게 할 수 없을 때에는 차라리 모르는 편이 낫습니다. 누가 나를 미워한다는 것을 알아도 복수할 수 없다면, 차라리 그가 나를 좋아한다고 착각하는 편이 더 낫습니다. 피할 수 없는 고통이라면, 차라리 눈을 감는 것이 더 낫습니다. 죽거나 다칠 일이 아니면, 차라리 모르는 편이 더 낫습니다.

타인이 나를 어떻게 평가할지, 타인이 내 의견에 대해 어떻게 반응했는지 등에 대해 너무 알려고 들지 마세요. 사실 좋은 이야기를 들었다고 해서 꼭 마음이 편한 것만도 아닙니다. 그런 말 뒤에 무슨 꿍꿍이가 숨어 있는 건 아닌지 의심의 눈초리를 보내게 될 수도 있으니까요. 알고 나서 신경을 쓰느니, 차라리 모르고서 궁금해하는 편이 낫습니다.

자극을 피하고 자극을 바꿔보고

자극을 줄이는 것도 필요한 일입니다. 제 내담자 중에는 문자 메시지나 메신저, SNS 등이 지나치게 신경이 쓰여 힘들다는 분들이 계십니다. 사람들이 자신의 메시지에 응답을 하지 않으면 답답해 미칠 것 같다 보니 계속 스마트폰만 쳐다본다는 겁니다. 아무리 "안 그래야지, 안 그래야지" 해도 소용이 없습니다. 이런 분들에게는 스마트폰이라는 자극 많은 기기가 쥐약인 셈이죠.

너무 스트레스가 심할 때는 무리해서 일을 추진할 것이 아니라 일단 쉬는 것도 방법입니다. 이때는 휴대전화도 안 터지고 TV도 없는 곳에 가서 머리를 식히고 오는 것이 좋습니다. 스스로를 자극 없는 곳에 가두는 것입니다. 사람을 많이 만나면 만날수록, 무언가를 많이 시도하면 할수록, 자극도 많이 받게 되는 것이 인지상정입니다. 그런데 긁으면 긁을수록 가려움이 커지듯, 자극 역시 받으면 받을수록 점점 더 예민해질 수밖에 없습니다. 급기야 나를 괴롭히는 사람뿐 아니라 나에게 잘해주는 사람에게까지 짜증을 부리게 되고, 그나마 몇 없는 내 편까지 나에게서 등을 돌리게 만들고 말죠.

당장 휴가를 가기 어렵다면, 나를 괴롭히는 대상과의 접촉을 가능한 한 줄여야 합니다. 예를 들어 그 대상이 상사라면 여러 가지 보고할 거리들을 모았다가 한 번에 보고한다든지 하는 식으로 말입니다.

자극을 바꿔보는 것도 방법입니다. 유독 이 말만 들으면 이른바 '눈이 뒤집힌다' 싶은 말이 있습니다. 누군가는 자기한테 하는 욕은 참아도 자기 부모님한테 하는 욕은 못 참겠다고 합니다. 누군가는 유독 '냄새 난다'는 말은 참지 못하겠다고 합니다.

이럴 때는 오히려 쉽습니다. 그런 말을 나에게 많이 하는 대상에게 이 말만은 피해달라고 하는 것입니다. "욕하지 말아줘" "날

비난하지 말아줘" "나 좀 무시하지 말아줘" 하는 말은 대체로 별반 효과가 없지만, 구체적인 표현을 지정해 "딱 이 말만은 하지 말아줘"라고 하면 통하게 되어 있습니다.

신경을 분산시켜야 한다

신경을 분산시키는 것 역시 도움이 됩니다. 연애를 할 때는 잘 지내다가 결혼을 하고 나선 자주 다투는 커플이 많습니다. 연애를 할 때는 갈등이 생기면 며칠 만나지 않는 동안에 저절로 잊거나 자연스럽게 해결이 되곤 했는데, 결혼을 하고 나서는 그것이 힘들기 때문에 갈등이 커질 수밖에 없는 것이죠. 특히나 연애를 할 때는 주로 밖에서 만납니다. 영화를 보든, 전시회를 가든 항상 무언가 할 것이 있습니다. 그러니 아주 커다란 갈등이라면 모를까 소소한 다툼은 금세 잊어버리게 마련입니다.

하지만 결혼을 하면 그때부터는 집이라는 좁은 공간에서, 그것도 매일 얼굴을 보며 지내야 합니다. 여기에 결혼을 하면서 둘 중 하나가 직장을 그만두기라도 하는 날에는 집에서 살림을 하는 배우자의 모든 신경이 바깥일을 하는 배우자에게로 향할 수밖에 없습니다. 이런 상황에서 부부 싸움이 일어나면 다른 데 신경을 분산시키지 못하게 됩니다.

이런 부부들에게 흔히 그렇듯 "대화를 통해 문제를 해결하세요"라는 진단을 내리면 큰일 납니다. 이미 예민해질 대로 예민해진 신경은 대화를 하는 동안에도 온통 배우자의 문제점에만 몰려가 있습니다. 당연히 상황을 전반적으로 파악할 만한 여유가 없어지죠.

때문에 이럴 때는 신경을 분산시키면서 냉각기를 가질 필요가 있습니다. 어차피 해결되지 않을 일 혹은 더 신경 써봤자 내 머리만 아프고 더 악화될지 모를 일에 집중하기보다는 온라인 게임을 하거나 로또를 사고 나서 일확천금을 꿈꾸는 편이 차라리 나을 수도 있다는 것입니다.

그렇게 어느 정도 시간이 흐른 다음 신경을 건드리는 대상이나 상황과 적당한 거리가 확보되고 나면, 다시 원래 추진하려고 했던 계획으로 돌아가는 편이 안전합니다. 예민한 성격 자체를 근본적으로 해결하기는 어려우므로 이런 식으로 돌아가야 한다는 것입니다.

게으름과 헤어지는 법

- 듣고 나서 내 마음에 상처가 될 것 같은 말이라면, 아예 듣지 않는 편이 낫습니다.
- 자극을 줄여야 합니다. 스마트폰 사용을 자제하고 나에게 스트레스를 주는 대상과 되도록 거리를 확보해보세요.
- 어느 한 가지 일이나 한 사람에 온통 신경이 집중된다면, 이를 다른 쪽으로 돌려보세요. 게임을 하든 영화를 보든 잠을 자든 춤을 추든, 일단 자신이 좋아하는 것을 하면서 머릿속을 비우고 그다음에 다시 생각을 정리해보는 것이 좋습니다.

나만 소외된 것 같아 일이 손에 안 잡혀요

: 외로움

우리나라에서는 날고 기던 프로 선수가 해외 리그에 진출한 이후 줄곧 성적이 바닥을 기는 경우를 종종 보게 됩니다. 그런가 하면 줄곧 전교 1등을 놓치지 않던 아이가 친구 하나 없는 낯선 학교에 진학해 기숙사 생활을 하면서 성적이 곤두박질치는 일도 흔하죠.

왜 이런 일이 생기는 걸까요? 단지 보살펴주는 사람이 있던 생활에서 벗어나 스스로 자기 생활을 책임져야 하는 상황이 되었기 때문일까요? 아니면 낯선 생활에 적응하는 데 에너지를 쏟느라 정작 중요한 것에 신경을 쓰지 못하게 됐기 때문일까요? 모두 일정 부분 맞는 이야기일 겁니다.

그런데 이런 부분들만큼이나 이 상황에서도 중요하게 작용하는 감정이 있습니다. 바로 '외로움'입니다. 외로움은 평소 전혀 게으르지 않던 사람조차 게으르게 만드는, 매우 강력한 감정입니다.

분리 불안이 깨어나다

이런 감정은 아주 어렸을 때 비롯됩니다.

아이를 키우는 부모라면 한 번쯤 '분리 불안'이라는 말을 들어봤을 것입니다. 아기는 태어난 직후부터 엄마의 목소리를 아주 명확하게는 아니더라도 어느 정도 인지할 수 있습니다. 하지만 몸을 마음대로 움직이지도 못하고 자극을 통합하는 능력도 떨어지죠. 우유를 먹이거나 기저귀를 갈아주는 등의 행위가 각각 발생하고 있다는 사실은 인지하지만, 그것을 해주는 사람이 누구인지를 구분해 알아차리지는 못한다는 것입니다. 그러다 9~12개월이 되면 아이 스스로 움직일 수 있게 되면서 인지 기능도 향상되어 각각의 행위를 누가 해주는지도 자각하게 됩니다. 이에 따라 자신을 주로 돌봐주는 대상과 떨어지게 되면 무척 불안해하는데, 이것이 바로 분리 불안입니다.

분리 불안은 13~20개월 사이에 절정을 이루다가 이후 점차 감소합니다. 기억력을 비롯한 인지 기능이 좋아지면서 나를 돌봐주는 사람이 지금 잠시 사라지더라도 언젠가 다시 나타나리라는 것을 알게 되기 때문인데요. 여기에 언어를 이해하는 능력이 향상되면서 "엄마가 어디 좀 다녀올게"라는 말을 이해하고 기억하게 되어 불안이 감소하는 것이죠. 또한 옛날에는 누군가가 항상 놀아줘야 했지만 이제 그것을 대체할 만한 흥미로운 것이 생겨 혼자서도 그것을 하며 시간을 보낼 수 있게 되기도 합니다. 이렇게 몇 가지 요인들이 복합적으로 작용해 분리 불안 현상은 자연스럽게 사라집니다. 아기에게 자신을 돌봐주는 대상이 없이도 지낼 수 있는 능력이 생기는 것입니다.

그런데 일이 뜻대로 풀리지 않거나, 좋지 않은 일이 생기거나, 낯선 환경에 놓이면, 우리의 마음은 과거로 돌아가게 됩니다. 누군가가 옆에 있어주었으면, 나를 챙겨주고 보호해주었으면, 하고 바라게 되죠. 사람이 그립습니다. 분리 불안을 느끼던 아기 시절의 본능이 깨어나면서 갑자기 아무것도 할 수 없게 됩니다. 일이 손에 안 잡히고, 공부를 할 수가 없습니다. 그야말로 게을러지는 것입니다.

우리는 왜 외로움을 느낄까

학교에서나 회사에서 자신이 왠지 겉도는 것 같다는 느낌을 받을 때가 있나요? 집단에서 자기만 소외된 것 같은 기분은 누구에게나 가끔씩 찾아오게 마련입니다. 보통 그런 기분은 실제로 왕따를 당하는 게 아닌 이상 그다지 오래가지 않죠.

그런데 딱히 왕따를 당하는 것이 아닌데도 집단 내에서 외로움을 느끼는 분들이 있습니다.

그중 첫 번째 경우는 목표를 상실한 분들입니다. 처음 직장에 들어오면 남보다 빨리 인정받아 승진을 하려고 합니다. 그런데 시간이 지날수록 매너리즘에 빠지면서 어느 순간 회의감도 들고 불안해지기 시작합니다. 위로 올라가기는 점점 더 힘이 들고, 설혹 위로 올라간다 한들 이 회사가 나를 평생 책임지는 것도 아니지 않나 하는 생각을 떨칠 수 없습니다. 그러다 보니 소속감도 줄어들고, 직장 동료들도 왠지 멀게 느껴지면서 외로움에 휩싸입니다.

인생 목표가 불확실해지는 경험을 하기도 합니다. 원하던 직업을 갖기 위해 많이 노력했지만 결국 실패하기도 하고, 몇 년 안에 집을 장만하리라고 다짐했지만 빚만 늘어갈 수도 있습니다. 그러고 나면 이렇게 살아서 뭐하나 하는 마음이 들죠. 거리를 지나가는 사람들을 볼 때면, 이렇게 이루는 것 없이 사는 바보 같은 인간은 나 하나뿐인 것 같다는 생각에 휩싸이며 지독한 외로움을 느끼게 됩니다.

하지만 어떤 목표가 사라지고 나면 그다음 목표가 나타나는 법입니다. 때로는 확연히 보이는 구체적인 목표가 사라진 자리를 더욱 원대한 목표가 대신하기도 하죠. 원래 새로운 일이 벌어지기 전이 더 조용하게 마련입니다. 태풍의 눈을 생각하면 쉽습니다. 마찬가지로 외로움이란 감정 역시 인격적 성숙이 일어나기 바로 전 단계에 발생하는 심리적 현상이라는 점을 이해하는 것이 중요합니다. 그 점을 확실히 인지한다면, 지금 당장 나를 무력하게 만드는 이 감정에서 벗어날 수 있습니다.

두 번째 경우는 개인적인 이유로 집단으로부터 소외감을 느끼는 분들입니다. 회식을 하는데 왠지 분위기에 동화되지 못하고 자기도 모르게 멍하니 동료들을 관찰하게 됩니다. 친구들과 모여 스터디를 하는데 친구들이 웃고 떠드는 모습이 낯설기만 합니다. 이런 낯선 감정은 일이나 공부에까지 이어집니다. 부장님이나 과장님이 지금 맡은 업무가 고과에 크게 반영될 것이라는 이야기를 할 때, 친구가 지금 하는 과제가 얼마나 중요한지 말하는 것을 볼 때면 냉소적인 생각마저 들죠. 그러면서 출구 없는 소외감에 사로잡힙니다. 당연히 무언가를 시도해볼 엄두도, 계획을 지켜나갈 의지도 사라지고 맙니다. 게을러지는 것입니다.

이렇게 사람들에게 둘러싸여 있지만 외롭다는 생각이 들 때는 우선 자신의 감정이 어떤지부터 살펴봐야 합니다. 직장에서 스트레스를 받으면 가족이나 친구들에게 감정을 풀게 되는 경우가 있는데요. 이와 반대로 개인적인 문제가 회사생활에 영향을 끼치는 경우도 흔합니다. 부모, 남편, 아내, 자녀로 인한 걱정거리가 생기거나 금전 문제가 있을 때, 질병이 있을 때는 직장이나 학교에서도 집중할 수 없게 되고 소외감을 느끼게 됩니다. 정신이 다른 데 가 있다가 어느 순간 퍼뜩 정신이 들어 열심히 무언가를 하는 동료나 친구들을 보면, 낯선 느낌이 들면서 자기만 홀로 동떨어져 있는 것 같은 착각에 빠지는 것입니다.

인간은 여러 가지로 힘들 때면 타인과 거리를 두고 혼자 있고 싶어 하곤 합니다. 하지만 직장이나 학교에서는 그럴 수 없기에 어쩔 수 없이 사람들과 어울려야 합니다. 개인적으로 힘든 일이 있다고 해서 회의나 스터디에 빠질 수는 없겠죠. 마찬가지로 점심식사나 회식 같은 자리도 한두 번은 그럴 수 있겠지만, 힘들 때마다 계속 빠질 수는 없는 노릇입니다. 물론 당장은 내 문제에 집중하기 위해 혼자 있고 싶은데 그럴 수 없는 상황인 것이 짜증날 수도 있습니다.

그러나 이렇게 생각해보세요. 만약 직장이나 학교가 없었다면, 온종일 힘든 일만 생각하면서 현재 상황을 견디기가 더 어려웠을 겁니다. 나를 환기시켜주는 그곳이야말로 끝없는 번민으로부터 나를 지켜주고 있다고 생각하면서, 동료나 친구들의 위로를 구해보세요. 의외로 그들의 이야기가 내 문제에 도움이 될 수도 있고, 그게 아니더라도 힘든 문제를 털어놓는 것만으로 후련한 기분을 느낄 수도 있습니다.

이런 문제가 없는데도 외로움이 장기간 이어진다면, 세 번째 경우, 즉 우울증에 걸린 것일 수 있습니다. 흔히 괴롭고, 눈물이 나고, 꼼짝 없이 죽고 싶은 마음이 드는 등의 증상이 있어야만 우울증이라고 생각합니다. 그런데 우울증에 걸리게 되면 가장 흔하게 나타나는 증상이 바로 매사에 흥미가 떨어지고 사람들을 만나기 싫은 것입니다. 또 사람들은 보통 구체적인 원인이 있어야 우울증에 걸린다고 생각하지만, 아무 이유 없이 우울증이 오는 경우가 훨씬 많습니다.

이렇게 우울증에 걸려 극심한 소외감에 시달리는 것을 '회사가 적성에 안 맞아서 그렇다'라거나 '친구들이 나만 소외시켜서 그렇다'라고 착각하고 직장을 그만두거나 친구들과 벽을 세우는 분들이 꽤 많습니다. 그러다 자신이 우울증에 걸렸다는 것을 뒤늦게 깨닫고 이전에 한 결정들을 후회하게 되죠.

만약 지금 사람들이 나를 소외시키는 것 같고, 그로 인해 어떤 일도 하고 싶지 않은 것 외에 불면증이나 식욕 부진, 피곤함 등의 신체적인 증상이 동반된다면 우울증을 의심하고 즉시 병원을 찾아 치료를 받아야 합니다.

그냥 쉬어도 됩니다

한편 정말 따돌림을 당하는 분들도 있습니다. 따돌림을 당하면 억울하고, 서글프고, 무기력해집니다. 사람들이 내게 말을 걸지 않고 내가 먼저 힘겹게 말을 걸어도 상대방의 반응이 쌀쌀맞거나 애매할 테니, 그들과 함께 있는 것이 한없이 어색하게만 느껴지죠.

이런 상황이 반복되고 더 악화되면 극심한 외로움으로 인해 죽고 싶다는 생각마저 듭니다. 어떤 이는 분노에 사로잡혀 복수를 상상하기도 합니다. 하루에도 열두 번씩 마음이 왔다 갔다 요동을 칩니다. 이런 상황에서 일을 한다는 건 불가능하죠.

따돌림을 극복하기 위해서는 우선 마음의 힘이 필요합니다. 축구, 체조, 레슬링, 수중발레, 그 밖의 모든 운동의 공통점이 뭘까요? 각기 사용하는 근육이나 기술은 다르지만, 모두 '체력'이 받쳐줘야 한다는 것입니다. 우선 체력이 좋아야 현란한 고급 기술을 마스터하기 위한 트레이닝을 충분히 버틸 수 있는 것입니다.

대인관계의 기술도 마찬가지입니다. 어려운 대인관계도 잘 풀어가려면 우선 이런저런 갈등과 아픔을 견뎌낼 수 있는 체력, 마음 근육이 단단해야 합니다.

마음의 힘은 힘들 때 누군가로부터 위로를 받아야 생길 수 있습니다. 힘들다는 얘기를 어렵게 꺼내놓았는데, 대체 왜 그런 실수를 했냐는 둥 정신력이 그 정도밖에 안 되느냐는 둥 하는 비난조의 이야기를 들으면 힘이 쭉쭉 빠지고 맙니다. 마음의 힘이 부족한 이들에게 나름의 해결책을 제시하며 차갑게 조언을 해주는 것 역시 전혀 도움이 되지 못합니다. 때문에 나에게 따뜻한 말 한마디를 건네줄 수 있는 사람, 전적으로 내 편에서 내 말에 맞장구를 쳐줄 수 있는 사람을 만나는 것이 중요합니다.

간혹 따돌림을 당하는 이들을 향해 이렇게 말하는 사람도 있습니다.

"따돌림 당하는 데는 꼭 이유가 있더라. 그럴 만하니까 따돌림

난 언제나 네 편이야!

당하는 거지."

정말 그럴까요? 물론 남보다 성격이 좀 별난 사람, 행동이 튀는 사람도 세상에는 존재합니다. 그런 이유로 따돌림을 당하는 게 '당연한 사람'이라면, 언제 어느 집단 안에서도 그는 외톨이여야 말이 됩니다. 그런데 어느 학교에서는 왕따를 당하던 아이가 전학 간 학교에서는 잘 지내는 경우도 대단히 많습니다. 현재 직장에서 손가락질 받는 사람이 이전 직장 사람들과는 돈독하게 지내는 경우도 허다합니다.

그러니, '내가 별로여서 사람들이 나를 싫어한다'라거나 '사람들이 나를 따돌리는 데는 그럴 만한 이유가 있다'는 식으로 절대 생각하지 마세요. 세상에는 각양각색의 사람들이 존재합니다. 그 중에는 화를 좀 더 잘 내는 사람도 있고, 반응이 좀 더 느린 사람도 있고, 좀 더 예민한 사람도 있습니다. 그리고 살다 보면 실수도 할 수 있고 잘못도 할 수 있죠. 이런 이들이 모두 함께 어울려 나름대로의 역할을 해내고 배려해주면서 사는 것이 당연한 겁니다. 그 어떤 사람도 남과 좀 다르다는 이유로, 실수를 저질렀다는 이유로 따돌림을 당할 이유는 전혀 없습니다.

이런 부분을 가슴에 새기고 열심히 마음의 힘을 키우며 버티려고 해도 그것이 생각만큼 쉬운 일은 아닐 것입니다. 아무리 해도 견디기 어렵다는 생각이 들 땐 과감히 그만두세요. 이후에 벌어질 일은 이후에 고민하면 됩니다.

어떤 어머니는 아이가 학교에서 따돌림을 당해 괴로워하는데도, 계속해서 학교에 나가야 한다고 종용합니다. 또래집단 안에 있어야만 사회성이 키워진다는 것이죠. 그러나 왕따를 당하면서 사회성이 키워질 리 만무합니다. 이런 아이들은 결국 가출을 하거나 심한 경우 집 밖으로 나오지 않는 히키코모리가 되거나 자살을 할 수도 있습니다. 어찌어찌 참아내어 학교 졸업장은 딸 수 있을지 몰라도 큰 상처를 받고 사회에 대한 적개심을 품을 가능성이 큽니다.

직장에서도 마찬가지입니다. 경제적인 문제나 불투명한 앞날에 대한 두려움 때문에, 쉽사리 사표를 던지지 못하고 사무실에서 느끼는 외로움을 온몸으로 감내하는 분들이 있습니다. 그러나 자기 한계는 자기가 잘 압니다. 버틸 만큼 버텼어도 문제가 해결되지 않거나 외로움이 줄어들지 않으면 용기를 내어 그만두는 게 좋습니다. 어차피 이런 상황에서는 목표한 일은커녕 주어진 일도 제대로 처리하지 못해 매일매일이 질책의 연속일 테니까요. 그러다 보면 외로움에 자괴감과 열등감까지 더해질 수 있죠.

그냥 쉬어도 괜찮습니다. 한두 달 쉬면서 마음을 정리하고 다시 시작하면 됩니다. 당장 생활비가 없으면 빚을 지는 게 차라리 낫습니다. 계속 참기만 하다가는 마음이 곪아터져 병원 신세를 져야 할지도 모릅니다.

다시 한 번 말하지만, 그만두고 새롭게 시작하시길 바랍니다.

게으름과 헤어지는 법

- 별다른 문제없이 그저 인생의 목표가 불확실해지는 듯한 느낌이 들며 이런 생각을 하는 사람이 나 혼자라는 느낌이 든다면, 그것은 내 안에서 인격적 성숙이 이루어지고 있다는 뜻일 수 있습니다. 담담하게 현재를 받아들이고, 그다음 무대를 기다려도 됩니다.
- 극심한 소외감을 느끼고 있다면, 누군가에게 반드시 이 문제를 털어놓고 도움을 구해야 합니다. 무거운 짐을 혼자 지려고, 스스로 해결하려고 애쓰지 마세요. 이야기를 하는 것만으로 큰 짐을 덜 수 있습니다. 나를 전적으로 지지해주는 사람, 따뜻하고 정 많은 사람을 만나 격려를 받으며 내 마음의 힘을 키워보세요.
- 도저히 견디기 힘든 최악의 상황이라면, 하고 있는 모든 일과 공부를 그만두세요. 그만두는 것이 어떤 경우에든 좋은 방법은 아닙니다. 하지만 '그만두어도 괜찮다'는 것을 아는 것만으로 큰 힘이 될 수 있습니다.

내 마음대로 되는 게 하나도 없군요

: 불만

“불만이 있으면, 더 열심히 노력해서 극복해야 한다.”

맞는 말입니다. 이것이 교과서적인 이야기죠. 그런데 정말 그럴 수 있을까요? 예상하셨겠지만 대답은 “그렇지 않다”입니다.

인간은 삶에 만족할수록 더 열심히 사는 경향이 있습니다. 이번 달에 토익 점수를 700점까지 받겠다고 목표를 세우고 공부를 했는데 점수가 730점이 나왔다면, 신나서 다음 달 목표를 800점으로 세우고 더 열심히 공부할 것입니다. 이번 주 몸무게를 2킬로그램 빼는 것으로 다이어트 계획을 세웠는데 3킬로그램이 빠졌다면 기쁨에 가득 차 다음 감량 목표를 더 높게 잡을 것입니다.

그런데 반대의 경우라면 어떨까요? 치열한 승진 경쟁에서 져

동기들보다 직급이 낮아졌다면, 과연 열심히 일할 의욕이 생길까요? 댄스 수업을 받는데 주어진 커리큘럼을 스스로 따라가지 못한다는 생각이 들면 더 배우고 싶은 마음이 생길까요?

그렇습니다. 인간은 불만이 많을수록 게을러지게 마련입니다. 때문에 게으름을 해결하기 위해서는 불만 가득한 삶에서 우선 벗어나야 합니다.

복잡하기 짝이 없는 그 이름, 불만

그런데 이 '불만'이라는 것이 의외로 그리 간단한 놈이 아닙니다.

지속적인 인기를 얻는 TV 프로그램 중에는 소비자 고발 프로그램이 언제나 존재합니다. 시청자 입장에서는 좋은 재료를 쓰고 정성을 쏟는 '착한 가게'를 찾고 싶은 마음이 있기 때문이겠죠. 자연히 이런 프로그램에서 긍정적으로 평가한 가게에는 방송이 나가고 나면 손님들이 어마어마하게 찾아들 것입니다.

일반적으로 이 '착한 가게'의 사장은 방송 프로그램에 소개된 이후 손님이 확 늘었다면 만족이 커질 것입니다. 하지만 이 가게에서 일하는 종업원의 마음은 어떨까요? 본인이 사장이라는 심정으로 일하는 충실한 직원도 물론 있겠지만, 아마 대부분은 같은 돈을 받고 일하는데 바빠지기만 했으니 그리 달가운 기분만은 아닐 것입니다. 결국 소비자, 가게 주인, 종업원 모두 불만 없는 가게는 지구 상에 존재하기 어려울지 모릅니다. 같은 상황을 두고 관련된 모든 이가 만족을 느끼기는 어렵다는 것입니다.

인생도 그렇습니다. 내 불만을 줄이기 위해 시도한 일이 남의 불만을 살 수도 있고, 어떤 일 때문에 남은 행복해졌지만 나는 불행해졌을 수 있습니다.

상황도 상황이지만 타고나길 불만이 남보다 좀 더 많은 분도 있습니다. 이런 분들은 자신이 가진 것 혹은 자신의 좋은 부분보다는 자신이 가지지 못한 것 혹은 자신의 나쁜 부분에 집중합니다. 자신의 멋진 외모보다 미약한 경제적 능력에 더 신경을 쓰고, 아내와 사이가 좋은 것은 뒤로한 채 부모와 사이가 나쁜 것만 신경 쓰며 스스로를 불행하다 여기는 식이죠.

이처럼 불만은 간단치 않은 속성을 지녔을 뿐더러 해결하기에도 쉬운 과제가 아닙니다. 그래도 다행인 것은 이런 속성을 제대로 이해할 수만 있다면, 불만을 줄여 성실하고 부지런한 사람으로 재탄생할 수 있다는 사실입니다.

만족을 높이기 위하여

경영학에는 다음과 같은 공식이 있습니다.

고객 만족 = 고객의 경험치 - 고객의 기대치

즉 고객 만족도를 올리기 위해서는 고객의 경험치를 올리거나 고객의 기대치를 낮춰야 한다는 것입니다. 고객의 경험치를 올리기 위해서는 우선 고객에게 양질의 서비스를 제공해야 합니다. 식당이라면 맛있는 음식을, 공장이라면 우수한 제품을 통해 고객이 좋은 경험을 하도록 해야 하는 것이죠.

그런데 아무리 좋은 경험을 제공하더라도 기대치가 비정상적으로 높은 고객은 만족시킬 수가 없습니다. 이런 고객까지 만족시키기 위해 상품이나 서비스의 질을 높이는 데 전력을 다하는 것은 사실상 불가능합니다. 이럴 때는 불만을 가지고 있어도 드러내지 않는 대다수의 착한 고객에게 조금씩 더 정성을 기울이는 것이 낫습니다. 그렇게 하면 절대 다수의 만족도가 평균적으로 올라가게 됩니다.

위의 공식을 우리네 인생에 대입하면 아래와 같습니다.

삶에 대한 만족 = 내가 '잘하는 것'에 대한 경험치 – 타인에 대한 기대치

불만을 줄이기 위해서는 내가 무언가를 했을 때 그것이 좋은 성과로 돌아와 스스로를 자랑스럽게 여기는 경험이 많아져야 합니다. 무언가를 시도할 때마다 자꾸 실패하면 자괴감에 빠지는 것은 물론 세상을 보는 눈이 삐딱해지게 마련입니다. 즉 '내가 잘하는 것'이라고 당당하게 말할 수 있는 것이 하나쯤은 있어야 합니다. 내가 잘하는 것이 있어야 못하는 것에서 기인하는 불만이 내게 미치는 영향을 중화시킬 수 있습니다.

하지만 잘하는 것으로만 밀고 나가는 데는 한계가 있죠. '기대치' 역시 조절해야 합니다. 이때 나 자신에 대한 기대치보다 만족/불만족에 더 영향을 끼치는 것은 오히려 타인에 대한 기대치입니다. 타인에 대한 기대치가 높은 이들은 항상 남들이 자신을 위해 무언가를 해주어야 한다고 생각합니다. 자신이 부탁을 하면 남들이 당연히 들어줘야 한다고 생각하죠.

그런데 우리 인생이 어디 그렇던가요? 삶은 주고받는 과정의 연속입니다. 내가 먼저 상대에게 무언가를 주어야 나도 받을 수 있습니다. 내가 남에게 무언가를 받으면 언젠가 나도 그에 대한 대가를 치러야 합니다.

주고받는 관계는 낭만적이지 않고 계산적입니다. 따뜻하지 않고 냉정하죠. 하지만 그것이 세상입니다. 무조건 타인을 믿지 말라는 이야기가 아닙니다. 정확한 현실 인식을 바탕으로 타인에 대한 기대치를 지금보다 조금 낮추자는 것입니다.

불만의 늪에서 빠져나오기

자, 그럼 지금까지 했던 이야기를 정리하고 필요한 부분을 덧붙여 좀 더 깊숙이 살펴보겠습니다. 불만 가득한 사람에서 벗어나기 위해서는

내가 잘하는 것이 하나는 있어야 합니다

참 안타까운 일이지만, 사람에게는 경쟁을 무척이나 싫어하면서도 나보다 못한 이를 보면 또 위안을 받는 자연스러운 본능이 내재되어 있습니다. 따라서 '적어도 이것 하나는 내가 누구 못지않게 잘할 수 있어!'라고 하는 것이 있어야, 누군가가 나를 무시하거나 실패를 거듭하는 상황에서도 평정심을 유지할 수 있습니다. 이것이 곧 자존감이라고 할 수 있겠죠.

내가 잘하는 게 없다는 생각이 들면 사회의 경쟁 시스템 자체를 불신하게 되면서 불만투성이의 사람이 될 수 있습니다. 물론 우리가 사회에 대해 갖는 불만이 온당한 경우도 상당히 많습니다. 그러나 그런 경우라 해도 불만이 불만 그 자체에만 머무르면 이 사회도, 나 자신도 전혀 나아지지 않습니다. 나 스스로 자신 있는 부분이 있는 사람은 불만만 터뜨리는 게으름뱅이가 되지 않습니다. 문제의식은 문제의식대로 갖되 그것을 개선해 앞으로 나아가기 위한 방법을 분주히 찾습니다.

그러니 내가 잘하는 것이 무얼까 곰곰이 생각해보면서, 그 점을 더 확대시키기 위해 노력해보세요. 학창 시절 달리기를 잘했던 분은 관련된 운동을 하는 동호회에 들어가 활동할 수도 있을 것이고, 노래를 잘했던 분은 아마추어 대회에 출전할 수도 있을 것입니다.

내 인생의 발목을 잡는 열등한 부분은 해결해야 합니다

성공하려면 강점에 집중하고 약점을 무시하라는 이야기가 있습니다. 맞는 말인데요. 그러나 성공을 방해하는 치명적인 약점이 있다면 이것을 고치는 것 역시 중요합니다. 이 약점이 자칫 발목을 잡으면 술술 풀리던 계획이 무너져 불만에 휩싸이고, 결국 의욕마저 꺾이기 때문입니다.

건강에 적신호가 켜지자 매일 아침 1시간씩 조깅을 하기로 한 사람이 있었습니다. 그는 아침에 일찍 일어나는 습관이 본인의 강점이라 여겨 그런 운동법을 택한 거였죠. 그런데 자신이 술을 좋아한다는 걸 깜빡하고 있었던 겁니다. 운동을 시작한 한동안은 조깅을 꾸준히 할 수 있었지만 어느 날부터인가 술 약속을 거절하기가 어려워졌습니다. 어쩔 수 없이 술자리에 나가게 되면서 다음 날 도저히 운동을 할 수 있는 컨디션이 아닌 상태가 되고 말았습니다. '내일은 나가야지, 내일은 나가야지' 하며 하루 이틀 운동을 미루다 보니, 결국 이번 운동 계획도 흐지부지 실패하고 말았습니다.

그의 약점은 '술자리를 거절하지 못한다'는 것입니다. 이 약점을 해결하지 못하면 매일 아침 1시간씩 조깅을 하겠다는 야심찬 계획은 실행할 수 없습니다. 이럴 때는 약점 해결을 위해 기준을 세워야 합니다.

'술자리는 일주일에 딱 한 번'이라고 기준을 세워놓고 그 기준에 맞게 약속을 재조정할 수 있어야 합니다. 약점을 완전히 없앨 수는 없지만, 계획을 달성하는 데 방해하지 않을 정도로 최소한의 해결은 해야 하는 것입니다.

세상에 대한, 타인에 대한 기대치를 낮춰야 합니다

앞서 살펴보았듯이 타인에 대한 기대치, 인생에 대한 기대치를 낮추면 타인에 대한, 인생에 대한 만족도가 반대급부로 올라가게 되어 있습니다. 행복이란 사실 대단한 것 같지만 결국은 이 만족도를 거의 그대로 따라가게 되어 있죠. 실제로 우리의 행복은 얼마나 많이 가지고 있는지, 얼마나 사회적 지위가 높은지가 아니라 타인에 대한, 인생에 대한 기대치를 어디에 두고 있느냐에 따라 상당 부분 좌우됩니다.

타인에 대한 기대치가 낮으면 누가 나에게 다소 불친절하더라도 화가 덜 날 것입니다. 어쩌다 타인이 아무 이유 없이 나에게 친절을 베풀면 너무나 감사하게 여길 것이고요. 인생에 대한 기대치가 낮으면 크고 작은 불행이 찾아와도 좌절하지 않을 것입니다. 그러다 예상치 않은 행운이 찾아오면 정말 뛸 듯이 기뻐하게 되겠죠.

꿈을 갖지 말라는 이야기가 아닙니다. 현실 인식을 제대로 하라는 것입니다. 냉철한 현실 인식을 바탕으로 목표를 세워야 중간에 그만두는 일 없이 앞으로 나아갈 수 있다는 사실을 명심하시기 바랍니다.

나와 세상을 잊게 해줄 그 무엇이 필요합니다

인간은 잠을 잘 때 세상을 잠시 잊습니다. 잠자는 동안은 슬픔도, 불안도, 불만도 잠시 내려놓게 됩니다. 만약 잠이 없었다면 어땠을까요? 아마 우리는 우리를 계속해서 괴롭히는 감정에 압도될 것입니다. 미치고 말겠죠. 그래서 불면증이 그렇게 괴로운 것입니다.

이렇듯 잠은 그야말로 몸에게나 마음에게나 모두 귀한 보약이지만, 스트레스를 받는 일이 많아지고 매사가 불만으로 점철될 때는 그것만으로 부족할 때가 있습니다. 깨어 있는 상태에서도 잠시 세상을 잊게 해줄 무언가가 필요한 것입니다.

누군가에게는 그것이 등산일 수 있고, 누군가에게는 그것이 수영, 누군가에게는 영화일 수 있습니다. 쇼핑이나 게임, 담배, 술, 낚시, 여행……. 그 무엇이든 불만이 가득 차올라 꼬리에 꼬리를 물고 분노가 이어지려고 할 때는 이런 감정에서 잠시 벗어나 새롭게 몰입할 대상이 필요합니다. 설령 그것이 담배나 술처럼 해로운 것이라 할지라도 이럴 때만큼은 나를 살릴 수도 있는 것이죠.

우리는 사람이기에 나약한 존재인 것이 당연합니다. 그래서 수시로 현실 도피가 필요한 것입니다. 현실 도피처가 전혀 없는 사람은 자신의 불만에 짓눌려 숨을 쉬기조차 어려울 수 있습니다. 그러니 비상시를 위한 나만의 숨구멍을 하나쯤 만들어야 하는 것입니다.

게으름과 헤어지는 법

- 지금 당장 내가 이루려는 목표와 관련이 없더라도 내가 잘하는 것만큼은 꾸준히 해야 합니다. 고시 공부를 한다고, 회사가 바쁘다고 당분간 모든 일상을 중단하기로 마음먹었더라도 최소한 내가 잘하는 것만큼은 중단하지 마세요.
- 인생의 순간순간 나를 무너뜨리는 내 치명적인 약점이 있다면, 지금 당장 이것부터 해결해야 합니다. 최소한 그것을 약화시키려는 노력이라도 해야 합니다.
- 잠시 동안 나를 불만 가득한 세상에서 도피시켜줄 나만의 숨구멍을 만들어보세요. 한 가지 팁을 드리자면, 일기를 쓰는 것이 꽤 도움이 됩니다.

왜 이걸 해야 하는지 모르겠어요

: 동기 부족

"선생님, 저는 그 일을 꼭 해야 하는데 도저히 못 하겠어요."

"왜죠?"

"모르겠어요. 그냥 못 하겠어요. 제가 너무 게으른 인간인가 봐요."

절망에 빠진 듯한 내담자에게 제가 말했습니다.

"그런데 그 일은 왜 해야 하는 건가요?"

이 질문을 들은 내담자는 한동안 말이 없었습니다. 너무나 간단하고 당연한 사실, 즉 '그것을 왜 해야 하는지'를 자기 자신조차 납득하지 못하고 있었던 겁니다.

말도 안 되는 이야기 같다고요? 그런데 우리 주변에서는 이런 일들이 실제로 벌어지고 있습니다. 생각해보세요. 우리는 종종 "어떻게 하고 싶은 일만 하면서 세상을 살아. 하기 싫은 일도 하면서 살아야지" 같은 말을 듣곤 합니다.

물론 그렇게 하기 싫은 일이라 해도 그것을 반드시 해야만 하는 이유에 대해 스스로 납득할 수 있다면 괜찮지만, 그런 과정 없이 곧바로 '무조건 해야만 한다'의 단계로 진입하게 되면 문제가 생깁니다. 이런저런 이유로 자꾸 그 일을 미루게 되는 것이죠. 즉 어떤 일에 대한 '동기'가 약하면 일에 대한 의욕이 사라져 게을러질 수밖에 없다는 것입니다.

작은 것 하나라도 내 마음대로

동기는 크게 '내적 동기'와 '외적 동기'로 나뉩니다.

내적 동기에는 자기결정성과 자기효능감이 작용합니다. '내가 결정한 일'이라는 생각이 들어야 그 일을 하고 싶은 마음이 생기고 동기가 부여된다는 것입니다.

요새 '극한 직업'이라는 말이 유행인데요. 사생활이 거의 없이 오로지 일에만 투신해야 하는 직업을 가리킬 때 종종 쓰이는 말입니다. 그런데 같은 극한 직업을 가졌어도 누군가는 그 일을 성실히 수행하고, 누군가는 마지못해 하면서 게으름을 피웁니다. 왜 그럴까요? 바로 자신이 결정해서 시작한 일이 아니기 때문입니다. 내가 원해서 하는 일, 거기에 일종의 사명감까지 갖고서 하는 일이라면 아무리 힘들어도 열심히 할 수 있을 겁니다. 소방관, 경찰 등이 대표적이라 할 수 있겠죠.

또한 그 일을 내가 해낼 수 있을 것이란 자신감 그리고 이를 통해 스스로를 쓸모 있다, 유능하다고 느끼는 것 역시 내적 동기 형성에 중요한 요소입니다. 자신에게 주어진 과제를 스스로가 성공적으로 해낼 것이라 믿어 의심치 않는 사람은 도저히 게으름을 피울 틈이 없습니다. 또한 그 과제를 하나하나 해나가며 자신의 유능함을 인정받게 된다면, 성취를 향한 집중력은 더욱 커질 것입니다.

결국 어떤 과제나 일을 반드시 해야만 하는 상황이라면, 되도록 '내가 잘할 수 있는 방법'을 '나 스스로 선택'해서 해나가는 것이 게으름을 예방하는 데 도움이 될 수 있습니다. 모든 것을 내 선택대로 할 수 없다면, 작은 부분이라도 내 선택에 의해 결정되도록 해보세요. 예를 들어, 오늘 안에 집안 대청소를 꼭 해야만 하는 상황이라면, 시간을 어떻게 분배할지, 어디부터 어떻게 청소할지 등 세부적인 계획을 스스로 짜되, 내가 좀 더 잘하는 것과 못하는 것을 고려해 잘하는 것에 더 집중할 수 있는 방향으로 짜 보라는 것이죠.

보상, 너무 적어도 너무 커도 문제

외적 동기는 돈이나 명예 같은 외부적 보상을 말하죠. 스포츠로 치면 메달이나 트로피가, 직장으로 치면 급여와 승진이 여기에 해당됩니다. 스포츠에 다른 알력이 작용해 아무리 열심히 해도 메달을 딸 수 없는 구조가 된다면, 열심히 하는 선수들은 당연히 사라질 것입니다. 마찬가지로 월급도 보잘것없고 승진도 잘 안 되는 회사라면, 열심히 일하는 직원이 드물 것입니다.

흥미로운 점은 이 외적 동기라는 게 그리 간단치 않아서, 너무 없어도 문제고 너무 커도 문제라는 것입니다.

기성세대 중에 간혹 "요즘 젊은이들은 힘든 일을 하려 하지 않아서 문제"라고 하는 분들이 있습니다. 그런데 진짜 문제는 그런 힘든 일에 따른 합당한 임금을 주지 않는 것 아닐까요? 최저 시급 혹은 그보다 더 적은 임금을 받으면서 힘든 일을 하고 싶지 않은 건 당연한 일일 테니 말입니다. 자신이 하는 일에 걸맞은 대우를 받지 못하면 의욕이 사라지고, 의욕이 사라지면 게을러지는 게 당연하다는 이야기입니다.

이렇듯 급여가 올라가면 일정 부분 의욕이 살아나게 마련입니다. 보상이 커지는 만큼 스스로가 유능하다는 느낌이 들어 내적 동기가 같이 올라가기 때문인 것이죠. 그런데 참 이상한 일이죠. 노력에 따른 보상이 커지면 커질수록 좋을 것 같은데, 그렇지도 않다니 말입니다.

일정 수준까지는 내 능력에 따라 급여가 올라가면서 의욕이 커지지만, 어느 순간부터 급여가 기대 이상 올라가게 되면 상황은 역전되어버립니다. FA로 대박을 친 선수들이 대표적인데요. FA 전까지는 실력에 비해 연봉이 적은 편이었지만, FA로 몸값이 완전히 뛰어오르고 나면 그에 걸맞은 실력을 펼치지 못할까 봐 엄청난 스트레스에 시달리게 됩니다. 그러다 아무리 열심히 해도 기대만큼은 안 될 것이란 데까지 생각이 미치면 연습도 게을리하게 되고 사생활 관리도 잘 되지 않는 거죠. 이를 보고 주변에서는 초심을 잃었다고 얘기하는데, 사실 그리 간단하게 볼 수는 없는 문제입니다.

이런 일은 직장에서도 얼마든지 일어날 수 있습니다. 직장에서 실무자로 일할 때는 내 일만 잘 하면 됩니다. 그렇게 일을 잘 해내는 만큼 연봉이 오를 경우, 의욕적으로 더 열심히 일하게 됩니다. 그러다 승진을 해서 관리자 직책을 맡고 연봉이 전보다 훨씬 뛰어오르면, 과연 자기가 받는 돈만큼 바뀐 일을 잘 해낼 수 있을지 자신이 없어집니다. 그러다 보니 자꾸 초조해지고, 일이 손에 안 잡힙니다. 남들 눈에는 그런 내 모습이 게으름을 피우는 것처럼 보이기도 하죠. 관리직으로 승진한 사람들이 흔히 겪는 문제입니다.

그렇다면 기대 이상의 보상을 거부해야만 하는 걸까요? 전혀 그렇지 않습니다. 현재는 확실하고 미래는 불확실합니다. 따라서 이미 주어진 기대 이상의 보상은 일단 마음 편하게 받아들이는 것이 당연한 것이고 현명한 것입니다.

보상이란 내 가치를 내가 아닌 남이 판단해 설정하는 것입니다. 그러니 기대 이상의 보상을 얻었다면, 그것은 내가 그런 보상을 받을 만한 자격이 있다는 뜻일 겁니다. 우리가 해야 할 것은 의외의 보상에 불안해하는 것이 아니라 기뻐하고, 지금까지 그래왔던 것처럼 최선을 다하는 것입니다. 그리고 무엇보다 이 보상을 또 하나의 '동기'로 만들어보는 겁니다.

보상만을 위해 무언가를 열심히 하는 것은 바람직하지 않지만, 내가 열심히 하는 만큼 보상이 뒤따라온다는 사실에 대한 믿음만큼은 어떤 일을 하는 데 대단히 중요한 동기가 될 수 있습니다. '별로 한 것도 없는데…. 역시 운이 중요해'가 아니라 '열심히 하다 보니 의외의 큰 보상까지 따라오네'와 같은 시선이 필요하다는 것입니다.

게으름과 헤어지는 법

- 목표나 과제는 나 스스로 정할 수 없을 때도 많습니다. 그렇다면 그것을 이루기 위한 방법만큼은 내가 좋아하는 것으로 선택해보세요.
- 기대 이상의 보상을 얻었을 경우, 지나친 자만심과 함께 부담감을 조심해야 합니다. 이를 위해서는 제로에서 다시 시작한다는 마음을 갖는 것이 좋아요. 즉, 달라진 상황에 맞게 새로운 계획을 세울 때, 이전만큼의 보상 혹은 그 이상의 보상 그 자체를 목표로 삼아선 안 된다는 것입니다. 보상이란 노력에 따른 운 좋은 부산물 정도로 받아들이는 자세가 필요합니다.

어차피 해도 안 될 것 같아요

: 자기 방어

일생일대의 명운命運이 걸린 시험을 앞두고서도 계속해서 게으름을 피우는 사람들이 있습니다. 이른바 '고시' 준비를 오랫동안 해온 이들이 대체로 여기에 속하는데요. 심지어 이들 중에는 1년에 한 번뿐인 시험 날 아침, 이런저런 핑계를 대고는 아예 시험장에 나타나지조차 않는 경우도 있죠. 그런 극단적인 경우는 아니더라도, 말로는 시험 준비를 한다고 하면서 온종일 게임을 하거나 수시로 담배를 피우고 커피를 마시러 나가는 등 다른 것에 정신을 파는 사람도 적지 않습니다.

왜 이런 일이 생기는 걸까요? 바로 실패에 대한 두려움이 성공하고자 하는 열망보다 크기 때문입니다. 실패할지도 모른다는 생각이 성취 욕구를 완전히 잠식해버리면, 무언가를 해야겠다는 의욕마저 사라지면서 필연적으로 게을러지는 것입니다.

성공추구동기와 실패회피동기

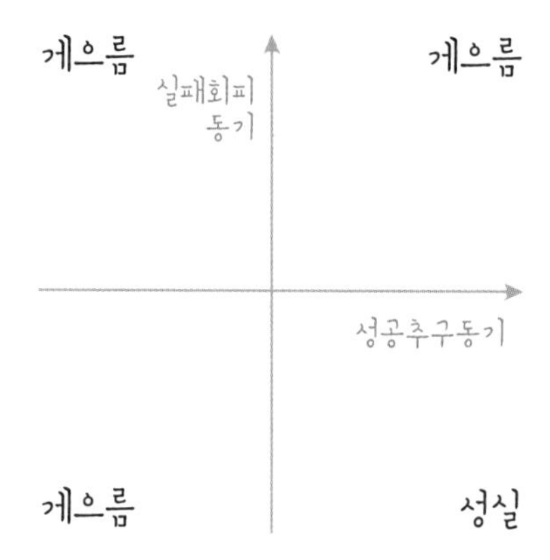

위의 그래프를 한번 살펴볼까요?

사람들은 무언가를 성취하고자 하는 마음, 즉 '성공추구동기'가 높을수록 목표를 이루기 위해 더욱 정진하게 마련입니다. 반면, 일을 그르칠까 두려워하는 마음, 즉 '실패회피동기'가 클수록 지레 포기하고 딴짓을 하게 되죠.

얼핏 생각하면 성공추구동기와 실패회피동기는 완전히 반대로 작동할 것만 같습니다. 미친 듯이 성공하고 싶은 마음은 진취적이고 긍정적인 감정이지만, 실패에 대한 두려움은 소극적이고 부정적인 감정으로 여겨지기 때문입니다.

그런데 앞의 그래프에서 알 수 있는 재미난 사실은 성공추구동기와 실패회피동기가 각각 독립적인 변수라는 점입니다. 이는 곧 성공을 간절히 갈망하면서도 동시에 실패를 두려워하는 역설적인 상황이 벌어질 수도 있다는 것을 의미합니다. '이번에는 꼭 시험에 통과할 거야. 지금까지 고생한 시간을 생각하자' 하는 마음과 함께 '이번에도 떨어지면 어쩌지? 이제 나이 들어서 받아줄 데도 없는데, 평생 이러고 사는 거 아닐까?' 하는 마음이 동시에 존재할 수 있다는 겁니다.

문제는 마음속의 실패회피동기를 잘 다스리지 못할 때 벌어집니다. 아무리 성공추구동기가 강하다 하더라도, 실패회피동기를 다스리지 못하면 의욕이 점점 더 사라지고 말죠. 바로 다음과 같은 감정적 변화가 발생하는 것입니다.

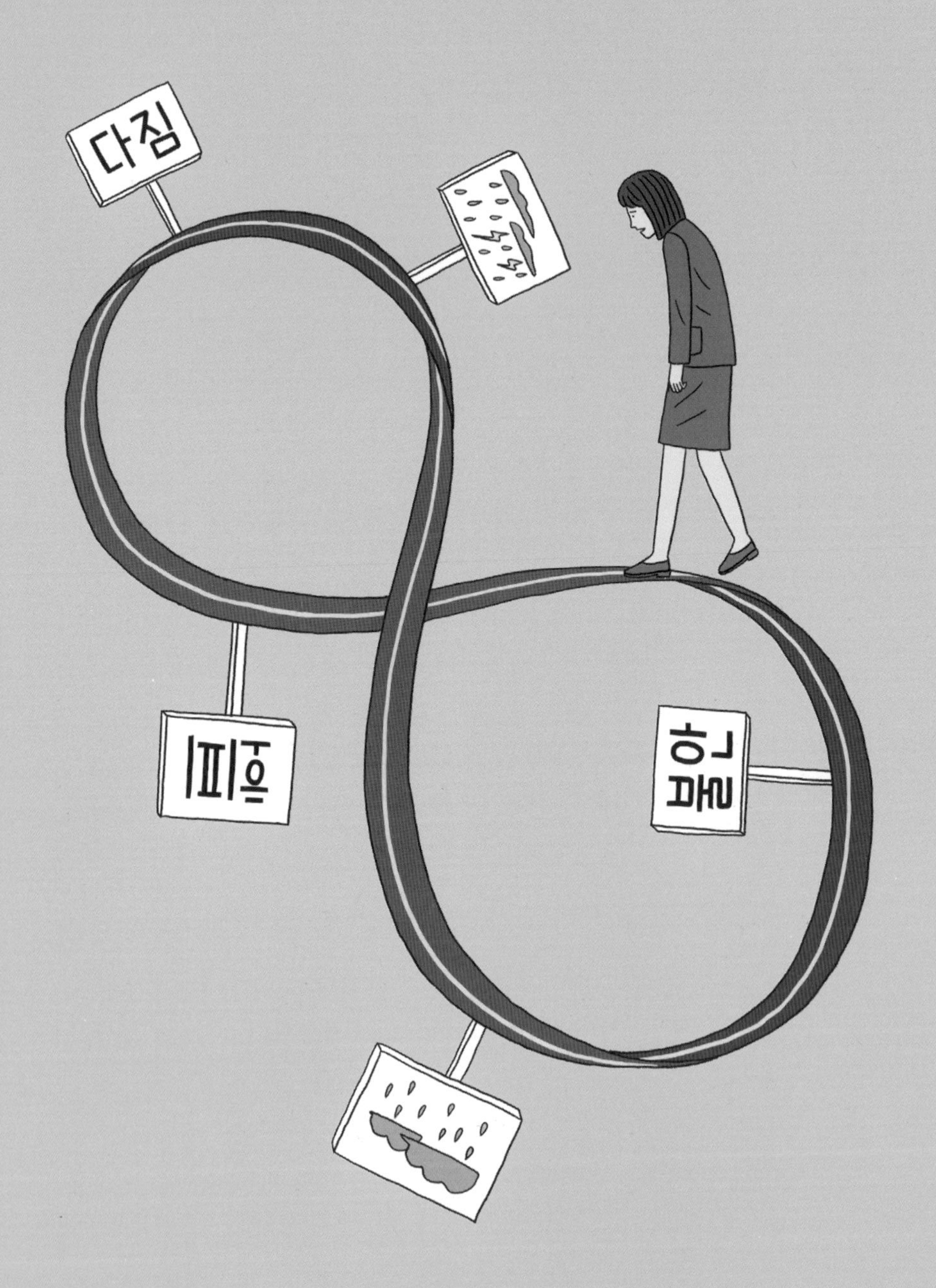
다짐

'이번에는 꼭 시험에 통과할 거야.'

▼

'그런데 이번에도 떨어지면 어쩌지?'

▼

'작년에도 떨어졌는데, 열심히 한다고 상황이 달라질까?'

▼

'어차피 떨어질 거 괜히 힘만 빼는 거 아닐까?'

▼

'난 틀렸어. 해봤자 안 될 거야.'

꼬리에 꼬리를 무는 생각이 이런 식으로 전개되면, 강력한 성공추구동기를 갖고 있다 해도 무기력감이 온몸을 지배하게 됩니다. 결국 중요한 것은 목표에 대한 확고한 인식도 인식이지만, 실패에 대한 두려움을 스스로 잘 다스리는 일이라 할 수 있습니다.

과제 설정의 문제

한편 '성공의 유인가치'라는 개념도 눈여겨볼 필요가 있는데요. 이는 쉽게 말해 '어떤 일을 시도해볼 만하다고 판단하게 만드는 가치'로, 성공추구동기와도 통하는 개념이라 할 수 있습니다.

성공의 유인가치를 결정하는 가장 큰 요인은 바로 '과제의 난이도'입니다.

사람들은 너무 쉬운 일에는 별반 흥미를 느끼지 못합니다. 구구단 외우기를 예로 들어볼까요? 초등학교에 처음 입학한 아이에게는 구구단 외우는 일이 대단히 어려운 일로 느껴지겠지만, 다 큰 어른에게는 그것이 하품 나올 만큼 쉬운 일일 겁니다. 이렇게 너무 쉬운 일이 재미가 있을까요? 절대 그럴 리 없죠. 이런 일만 하게 되면, 인간은 필연적으로 게을러지고 나태해지게 마련입니다.

그렇다면 이와 반대로 불가능에 가까운 어려운 일과 만나는 건 어떨까요? 자신에게 주어진 과제가 어려우면 어려울수록 도전에 대한 욕구가 솟구치는 게 정상일까요? 전혀 아닙니다. 너무 어려운 과제가 주어질 경우, 아예 그것을 시도할 필요 자체를 느끼지 못하게 마련입니다. 내게 주어진 과제가 너무 쉬워도, 어려워도 모두 의욕이 떨어질 수 있다는 것이죠.

결국, 불가능하진 않지만 조금 어려운 일을 할 때 하고자 하는 의지가 불타오르는 법입니다. 이를 뒷받침하기라도 하듯, 성공한 운동선수들을 분석해보면 성공 확률이 50퍼센트 정도 될 때 잠재력을 최대치로 발휘한다는 연구 결과도 존재한다고 하네요.

이런 점을 감안하면, 애초 '내가 열심히 해낼 수 있는 과제'를 선정하는 것부터가 무척 중요한 일임을 알 수 있습니다. 너무 어렵거나, 너무 쉬운 과제를 앞에 두고 자신의 게으름을 탓하는 것은 그야말로 바보짓이라는 이야기입니다.

과제 설정이 나 자신이 아닌 타인에 의해 이루어질 때, 이런 자기 방어적 심리는 극에 달하기도 합니다.

여기, 완벽한 남편을 만들고 싶어 하는 한 아내가 있습니다. 아내는 남편에게 청소, 설거지, 빨래 등 집안일을 이것저것 해놓으라고 요구합니다. 남편은 처음에 묵묵히 하라는 일들을 하죠. 하지만 일을 다 하고 나면, 언제나 아내로부터 다음과 같은 소리가 돌아옵니다.

"아니, 이게 뭐야? 국물 자국이 그대로 있잖아. 대체 청소를 어떻게 한 거야? 왜 일을 두 번 하게 해?"

아내는 폭풍 잔소리를 늘어놓고 나서 늘 남편이 해놓은 일을 본인이 다시 합니다. 이런 패턴이 몇 번 반복되고 나면, 남편은 이렇게 생각합니다.

'어차피 해도 욕먹고 안 해도 욕먹을 텐데, 그냥 안 하는 게 낫

겠다.'

아이를 보는 것 역시 마찬가지입니다. 남편 생각에는 아이가 좋아하는 TV프로그램을 온종일 틀어주고 아이가 좋아하는 짜장면이나 함께 먹으면서 즐겁게 시간을 보냈으면 할 만큼 한 것입니다. 하지만 아내가 보기에는 어떻게 아빠라는 사람이 아이에게 해로운 TV나 보여주고 배달음식이나 먹이는 것인지 당최 납득이 되지 않습니다. 행동의 잘잘못을 떠나서, 이런 경우 남편 입장에서는 아이를 종일 보고도 욕을 먹은 셈이니 앞으로는 아이를 보지 않고 욕먹는 쪽을 선택하는 것이 합리적일 것입니다.

이런 일들이 쌓여 점점 남편이 아내의 요구를 묵살하는 일들이 잦아지면, 아내는 남편이 게으르고 이기적이라고 생각하게 됩니다. 남편 역시 그런 아내의 이야기를 귀에 못이 박히게 듣다 보면, 스스로가 게으른 사람처럼 여겨지기도 합니다.

하지만 정말 그런 것일까요? 상대의 기대치를 채울 자신이 없어서, '어차피' 안 될 일이라는 생각이 들어서, 아예 시도조차 하지 않으려는 건 아닐까요? 한번 곰곰이 따져볼 일입니다.

게으름과 헤어지는 법

- 실패에 대한 두려움을 다스리기 위해서는 '내가 실패했을 때 무슨 일이 벌어질까?'를 상상해보는 것이 도움이 됩니다. 아무리 가장 최악의 상황을 가정한다 해도, 나와 나의 소중한 사람들이 다치는 수준의 일은 거의 있을 수 없죠. 그렇다면 바로 거기에서 다시 시작할 수 있는 용기가 생겨납니다. '설령 실패한다 해도 다시 시작하면 돼'라는 마음가짐은 큰 지원군이 될 거예요.
- 목표를 스스로 세울 때, 절대 불가능할 것 같은 일 혹은 너무 쉬운 일은 되도록 지양합니다. 어쩔 수 없이 해야 하는 과제가 주어졌을 때도 마찬가지입니다. 과제의 난이도가 너무 높거나 낮다면 되도록 거부 의사를 분명하게 밝히고 시작하지 않는 것이 좋습니다.

나 자신이 통제가 안 돼요

: 자기 조절 불능

흔히 작심삼일이 반복될 때, 가장 먼저 우리가 스스로에 대해 내리게 되는 평가 중 하나는 '자기 조절 혹은 자기 통제가 잘 안 된다'는 것입니다. 결심을 실행에 옮기려면, 결심과 반대로 움직이고 싶은 욕구를 참아낼 수 있어야 하는데, 아무리 노력해도 그게 잘 안 되기 때문입니다.

"석 달 안에 10킬로그램을 빼야지!"라고 목표를 세웠지만, 눈앞에 아른대는 케이크를 외면하지 못합니다. "매일 아침마다 1시간씩 조깅을 해야지!"라고 다짐했건만, 비 오는 주말 아침에는 이불 밖으로 나오기조차 싫습니다. "자기 전 30분간 책을 꼭 읽어야지!"라고 되뇌지만, 스마트폰의 실시간 뉴스에서 눈을 떼지 못하다 결국 그대로 잠자리에 듭니다.

널리 알려진 마시멜로 실험 들어보셨죠? 스탠퍼드 대학교의 월터 미셸Walter Mischel 교수는 네 살짜리 아이들에게 마시멜로가 1개 들어 있는 접시와 2개 들어 있는 접시를 내밀면서, 지금 당장 마시멜로를 먹는다면 1개만 먹을 수 있고 자신이 돌아올 때까지 기다렸다 먹는다면 2개를 먹을 수 있다고 합니다. 그가 방에서 나간 후, 어떤 아이들은 기다렸다는 듯이 마시멜로를 먹어치웠고 어떤 아이들은 좀 기다리다 먹어버렸습니다. 하지만 그가 돌아올 때까지 참고 기다린 아이들도 있었죠.

그로부터 15년 후, 그때 그 네 살짜리 아이들을 다시 만나 어떻게 살고 있는지 확인해보았더니, 마시멜로를 앞에 두고도 참았던 아이들이 훨씬 더 성공적인 삶을 살아가고 있었다고 합니다. 이는 곧 자기 통제를 잘 하는 사람일수록 그렇지 않은 사람에 비해 성공할 가능성이 크다는 것을 의미합니다.

아무리 타고난 조건이 훌륭한 사람이라도 결국 자기 조절을 잘 하지 못하면, 좋은 성과를 얻어내기 힘듭니다. 그런데 이런 사실을 잘 알면서도 우리는 자기 조절에 실패하는 경우가 많습니다. 이런 차이는 어디에서 비롯되는 것일까요?

좋은 비교와 나쁜 비교

유난히 자기 통제를 잘 하려고 노력하는 이들이 있습니다. 이들은 실패를 거듭한다 할지라도 자기 통제가 필요하다는 사실을 꾸준히 상기하며, 끊임없이 자기 조절을 하려고 애씁니다. 이들은 종종 '사회적 비교'를 하곤 하는데요. 이는 쉽게 말해 남과 자신을 비교하는 것을 말합니다. 나보다 더 무언가를 잘하는 사람, 나보다 타고난 조건이 더 좋은 사람, 나보다 더 열심히 하는 사람 등등과 스스로를 비교하다 보면 때로 정신적인 피로감을 느끼기도 하고 자신감을 잃게 되기도 합니다. 하지만 대개는 건강한 자극을 받으며 노력을 이어가게 되죠.

그렇다면, 자기 통제를 잘 못 하는 사람들은 사회적 비교를 하지 않는 이들일까요? 아닙니다. 이들도 사회적 비교를 합니다. 단, 나보다 무언가를 더 못하는 사람, 나보다 타고난 조건이 더 나쁜 사람, 나보다 게으른 사람 등 자기보다 부족한 사람과 스스로를 비교한다는 게 그 차이입니다. 이들은 자기보다 못하다고 여겨지는 대상과 스스로를 비교하면서 자존감을 유지합니다. "그래도 내가 ○○보다는 날씬하지" "그래도 내가 △△보다야 공부를 잘하니까"라고 자기 자신을 합리화하면서 더 노력할 필요가 없다고 생각하는 것이죠.

자기 조절에 능한 사람들의 가장 큰 특징은 나보다 나은 사람과의 사회적 비교를 넘어, '자신이 정한 기준과의 비교'를 잘 해낸다는 것입니다. 이들은 자기가 기준을 정해놓고, 그것에 미치지 못할 때 더 열심히 해야겠다고 생각합니다. 오늘 이만큼 공부하기로 정해놨는데 그만큼 공부를 하지 못하면 자신이 게을렀다고 여깁니다. 이번에는 이 정도까지 성적을 올리기로 결심했는데 결과가 기대에 미치지 못하면 다음에는 더 열심히 해야겠다고 다짐합니다. 인간관계에 있어서도 이런 태도는 여전해서 이들은 자신이 누군가의 마음을 다치게 했다면 그에게 더 잘해줘야겠다고 생각합니다.

자기 조절을 잘 하지 못하는 사람은 이와 반대 성향을 띱니다. 한마디로, 스스로 정한 기준 자체가 없습니다. 그러므로 자책을 한다거나 반성을 하는 일이 있을 리 만무합니다.

앞서 말씀드린 마시멜로 실험의 뒷이야기는 의미심장합니다. 미셸 박사는 첫 번째 마시멜로 실험을 진행한 후, 마시멜로가 담긴 접시의 뚜껑을 살짝 덮어두는 실험을 또 한 번 진행했다고 합니다. 그러자 아이들이 마시멜로를 먹지 않고 기다린 시간이 2배나 늘어났다는 것입니다.

자기 통제가 잘 되지 않는다는 생각이 들면, 이처럼 통제력을 강화할 수 있는 반강제적인 장치를 고민해봐야 할 것입니다. 막연히 '게으름에서 벗어나야겠다' '부지런해지겠다'라고 결심하기 전에, 먼저 성취의 기준을 구체적으로 높게 세워야 합니다. 그리고 그 기준을 기한 내에 달성하지 못할 때 스스로를 벌줄 수 있어야 합니다.

남 탓은 이제 그만

한편 자기 조절이 잘 되지 않는 사람은 남 탓만 하는 경향이 있습니다.

무언가 일이 뜻대로 안 되면 그 원인이 나에게 있는지, 아니면 외부에 있는지 판단할 수 있어야 합니다. '내 능력이 부족해서' 혹은 '내가 노력을 덜 해서'라고 여기는 것은 문제의 원인을 내적 요인으로 파악하는 것입니다. 이에 따라 '능력을 더 키워야지' '노력을 더 해야지' 하며 스스로를 더 조절하고 통제하려고 할 것입니다.

그런데 '누가 방해를 해서' '너무 힘든 일이어서' '운이 나빠서'

라며 문제의 원인을 외적 요인으로 돌리는 사람은 문제 해결에 진전이 있을 리 없습니다. 내 탓이 아니기에 노력할 필요도 없으니 말입니다. 자연히 자신의 능력을 키울 생각도, 자기 조절이나 자기 통제도 하지 않으려 할 것입니다. 이런 사람들이 계속 게으른 인생을 살아가는 것은 뻔한 이치입니다.

남 탓을 하는 게 꼭 나쁜 것만은 아닙니다. 그것은 강력한 진통제인 모르핀과도 같습니다. 마음이 많이 약해져 있을 때, 남 탓을 해서 잠시잠깐이라도 스스로를 일으킬 수 있다면 그것은 그런대로 적절한 임시방편일 수 있으니까요. 그렇지만 그 방법을 수시로 썼다가는 상황 판단을 제대로 할 수가 없습니다. 현실을 제대로 살아갈 수 없습니다.

상황을 정확히 파악할 수 있어야 합니다. 현실 인식을 똑바로 해야 합니다. 무엇이 내 탓이고, 무엇이 어쩔 수 없는 것인지 냉정하게 판단할 줄 알아야 합니다. 그것이 바로 나 자신에 대한 통제력을 되찾는 첫걸음인 것입니다.

게으름과 헤어지는 법

- 목표를 세울 때 어느 정도가 달성한 것이고 어느 정도가 달성하지 못한 것인지 그 기준을 구체적으로 잡아둡니다. 그리고 스스로에게 그것을 달성했을 때는 상을, 실패했을 때는 벌을 주세요.
- 목표를 달성하지 못했을 때 남 탓, 환경 탓을 하기 전, 먼저 '나 자신'의 문제가 무엇인지부터 생각해봅니다. 그리고 그 문제를 해결하기 위한 방법을 하나하나 적어보세요. 다음번 목표를 세울 때는 이것을 고려해 실행 계획을 짜자고요.

당신은 게을러서 **그런 것이 아닙니다**

게으름은 흔히 심리적 문제라고들 생각합니다. 하지만 의외로 병 때문인 경우도 많습니다. 병이 찾아와서 무기력해진 것인데, 그것도 모르고 '내가 요새 왜 이렇게 게을러졌지?'라고 자책한다는 것입니다.

우리를 무기력증에 빠뜨리는 대표적인 신체적인 문제는 다음과 같습니다.

- 갑상선 기능이 떨어진 경우
- 신장에 이상이 온 경우

- 간이 나빠진 경우
- 당뇨병에 걸린 경우

특별한 원인이 없는데도 계속해서 아무것도 하기 싫고 움직이는 것조차 버겁게 느껴진다면, 일단 병원에 찾아가 검사를 받아보세요. 피곤하고 지치면 자꾸 처지고 게을러지는 게 당연한 이치입니다. 스스로를 탓할 게 아니라 우선 정확한 원인부터 알아봐야 합니다.

그 밖의 외부적인 요인들에 대해서도 알아볼까요?

약의 부작용

살을 빼려는 분들이 많은데요. 다이어트를 하게 되면 주로 굶기 때문에 기운이 떨어져 무기력해질 수밖에 없습니다. 하지만 더 큰 문제는 다이어트 약입니다. 다이어트 약 중에는 먹을 땐 기운이 나는 듯한데 약 기운이 떨어지면 온몸이 확 처지는 약도 있습니다. 양약은 위험하다고 해서 한약으로 다이어트를 하는 분도 많은데요. 교감신경을 흥분시키는 한약을 먹다가 갑자기 중단할 경우 기운이 완전히 빠져버립니다. 수면제도 그런 부작용이 있을 수 있습니다. 불면증이 너무 심한 분들 중에는 밤에 먹은 수면제의 부작용으로 낮에 멍해지는 분들이 있습니다.

우울증

앞서 외로움에 관해 이야기하며 우울증에 대해서도 잠깐 다루어보았는데요. 게을러 보이는 모습 역시 우울증의 증상 가운데 하나임을 명확히 인식해야 합니다. 우울증에 걸리면 아무것도 할 수 없고, 꼼짝도 하기 어렵습니다. 일찍 자려 해도 잠이 안 오고, 억지로 자려고 누워 있으면 잠이 오지 않아 죽을 것만 같습니다. 그러다 보니 밤새 게임을 하거나 TV 채널을 돌리게 되죠. 결국 그렇게 밤을 새우고 나면 아침에는 기력이 떨어져 그 무엇도 하기 힘들어집니다. 온종일 정신이 다른 곳에 가 있는 것만 같습니다.

사회불안증

사회불안증을 앓고 있는 분들은 가장 큰 스트레스가 사람을 만나는 것입니다. 다른 사람 입장에서는 이런 부분이 게으른 것으로 비칠 수가 있습니다. 이를테면, 여기 사회불안증을 앓고 있는 남자가 한 명 있습니다. 이 남자는 결혼 전 어떻게든 여자의 마음에 들어야 했기에 주말마다 여자가 가자는 대로 여기저기를 따라다녔죠. 하지만 결혼에 골인하고 나서는 원래 성격이 드러납니다. 그에게는 주중 내내 회사에서 사람들을 마주치는 것만도 힘든데, 주말에도 사람을 만난다는 게 여간 고통스러운 일이 아닙니다. 그래서 주말에는 집에 있고만 싶습니다. 하지만 아내 입장에서는 온종일 집에서 TV만 보는 남편이 게으르기 짝이 없는 것처럼 느껴져 답답합니다. 간혹 남편과 친정 나들이를 하고 싶기도 하고 친구 결혼식장에도 같이 가고 싶은데, 남편은 계속 혼자 다녀오라고만 합니다. 남편은 남편대로 아내가 귀찮게 느껴지는 한편, 아내의 청을 계속 거절하는 자기 자신이 게을러빠진 것처럼 여겨져 괴롭습니다.

성인 ADHD

어떤 일을 시키면 계속 딴짓을 하느라 제대로 일을 하지 못하는 이들을 보게 될 때가 있습니다. 이런 이들은 딱 봐도 엄청나게 산만한데요. 대체로 어릴 때부터 그랬을 가능성이 큽니다. '주의력결핍과잉행동장애ADHD'인 아이들은 당최 가만히 있질 못합니다. 끊임없이 이것 했다, 저것 했다 하면서 장난도 많이 칩니다. 이런 증상을 '과다 행동'이라고 합니다. 과다 행동 증상은 중학생이 될 때쯤 서서히 사라지게 마련인데요. 그러나 부주의하고 딴짓을 하는 습관은 어른이 되어도 사라지지 않습니다. 조별 과제를 각각 분담해서 할 때 친구가 "너만 안 냈어, 빨리 줘. 10분 안에 줘"라고 재촉을 해도, 꾸물거리는 것을 끝낼 줄 모릅니다. 친구는 속이 탑니다. 그렇다고 내가 일부러 그러는 건 절대 아닙니다.

중독

중독 역시 게으름에 한몫합니다. 대표적인 것이 알코올 중독입니다. 일단 과음을 하게 되면 다음 날 제대로 활동하기가 어렵다는 건 모두 아는 사실이죠. 그런데 이 사실을 인정하지 않으려는 분들이 꽤 많은 것 같습니다. '내 게으름은 절대 술 때문이 아니야'라고 생각하는 분들은 딱 한 달만 술을 끊어보세요. 놀라운 변화를 느낄 수 있을 것입니다. 문제는 이렇게 끊어보려고 해도 끊을 수 없는 분들입니다. 흔히 금단 증상이라고 하면 식은땀이 나고 손이 떨리는 것만 떠올리는데요. 의욕이 사라지는 것 역시 대표적인 금단 증상입니다.

게임 중독도 만만치 않습니다. 집에만 있으면 밤이고 낮이고 게임을 하는 이들이 있는데요. 이들은 어려서 ADHD였던 경우가 많습니다. ADHD 후유증이 남은 성인의 경우 집중력을 오래 유지하는 데 어려움을 겪습니다. 그런데 게임은 순간순간 화면이 바뀌고 상황이 달라지기 때문에 지루하지 않죠. 게다가 점수가 바로바로 올라가니 목표를 성취하는 것도 짧은 시간 안에 가능해 이들이 더 선호하는 것입니다. 하지만 게임에만 너무 깊이 빠지면 일상의 모든 것이 마비되어 돌아가지 않습니다. 이들이 가장 많이 하는 이야기가 "조금만 이따가, 조금만 이따가…"인데, 정말 조금만 이따가 주어진 일을 할까요? 답은 누가 봐도 자명합니다.

잘 읽어보셨나요? 자신이 게으름을 피우는 이유가 일종의 '병' 때문인 것이 확실하다면 이를 치료할 수 있는 곳부터 찾아봐야 합니다. 근본적인 원인을 제거해야만 그 결과로 벌어지는 게으름이란 증상 역시 자연스럽게 치료될 수 있을 테니까요.

2장

의지력을 흐리는 장애물 제거하기

굳게 마음먹은 일들을 시작하려다 보면
생각지도 못한 장애물이 줄줄이 나타나곤 합니다.
우리 함께 이것들을 하나하나 넘어가볼까요?

같은 일을 계속하기가 너무 힘들어요

: 지루한 일들

어떤 일을 꾸준히 해나가려면 무엇보다 집중력이 필요합니다. 안타깝게도 집중력은 일정 부분 타고납니다. 그래서 무언가를 하다가도 10분을 못 버티고 자기도 모르게 한눈을 파는 사람이 있고, 1시간이 넘도록 한 가지 일에 완전히 몰입해 매달리는 사람도 있습니다. 보통은 후자와 같은 사람, 즉 집중력이 좋은 사람이 한 분야에서 성공하는 경우가 많죠.

아무리 천재적인 음악적 재능을 갖고 있어도 연습을 꾸준히 하는 집중력이 있지 않으면 세계적인 음악가로 명성을 얻지 못합니다. 이런 아이를 둔 부모는 속이 탑니다. 음악에 재능이 있는 건 확실한데 아이가 연습을 안 하니 답답하기만 합니다. 그런데 한번 다른 각도에서 생각해보면 어떨까요?

좀이 쑤셔 못 배기는 사람들

책을 펴놓고 10분만 앉아 있어도 좀이 쑤셔 견디지 못하는 사람이 억지로 1시간을 책상 앞에 앉아 있는다고 생각해보세요. 머릿속에 1시간 분량의 지식이 과연 들어올까요? 아마 처음 10분 동안만 제대로 공부하고 나머지 50분 동안은 앉아서 딴짓만 할 게 뻔합니다.

이런 사람은 손이 되었건 발이 되었건 무언가 몸을 계속 움직이면서 할 수 있는 일을 해야 합니다. 만약 여러분 이런 타입이고 지금 일자리를 찾고 있는 상황이라면, 몸을 계속 움직일 수 있어 지루해질 일이 없는 직업이 뭐가 있을까 궁리해보세요. 가능하면 오래 한 가지 일을 하기 힘드니, 짧게 여러 가지 일을 해야 하는 직업을 찾는 것이 좋습니다.

다행인 것은 최근 들어 멀티태스킹mutitasking이라 하여, 한 번에 여러 가지 일을 동시에 진행하는 이른바 '다중 작업' 방식이 사무 업무의 대세가 되고 있다는 점입니다. 집중력이 좀 부족해도 충분히 좋은 인재가 될 수 있는 환경이 만들어진 셈이죠.

이런 이들은 대체로 3개월간 한 직장에서 온종일 일을 하다 보면 좀이 쑤셔 못 배깁니다. 그러다 보면 근무 태도도 안 좋아지고 출근도 늦어지죠. 순식간에 게으름뱅이 사원으로 찍히고 말 겁니다. 직장에서 오래 버티지 못하고 몇 달 혹은 1~2년 만에 그만두는 일이 잦은 사람이라면, 혹시 본인이 지루한 것을 참지 못하는 건 아닌지 생각해보세요. 당장 직장을 옮길 수 없다면, 오전과 오후만이라도 각각 다른 성격의 일을 할 수 있게 계획을 짜 보세요. 일주일에 반반씩 다른 일을 하는 것도 방법입니다.

꼭 장기 계획을 세워야 한다면

지루함을 참지 못하는 사람이라도 반드시 이루어야 할 장기 계획을 세울 수밖에 없는 경우가 있습니다. 그럴 때는

시간을 쪼개 활용해야 합니다

예를 들어, 하루를 놓고 봤을 때 4시간 공부, 4시간 운동, 4시

간 아르바이트 이렇게 할 때 제일 능률이 높을 수 있습니다. 그리고 공부 시간을 다시 분 단위로 쪼개어 20분 공부하고 5분 쉰다든지, 10분 읽기를 하고 10분 쓰기를 한다든지 하는 식으로 지루하지 않게 시간을 안배하면 좋습니다.

끝내는 시간을 정해놓고 일해야 합니다

마냥 일을 한다고 생각하면 계속해서 딴짓을 하며 미룰 수 있습니다. 그러므로 시간을 딱 정해놓고 그에 맞춰 일해야 합니다. 끝이 있다는 것을 인지하게 되면 그때까지만 버티면 된다는 생각에 좀 더 집중력을 발휘할 수 있습니다.

지금, 당장 해야 합니다

'이 과제를 완수해야 한다'는 생각이 들 때 곧바로 실행에 옮겨야 합니다. 지금을 놓치면 다른 순간에는 다른 생각이 들 수도 있고, 언제 또 이 과제를 완수할 수 있을지 불투명해집니다. '나중에 하면 되겠지' 하는 생각은 금물입니다.

노력과 결과 사이의 연관성을 믿어야 합니다

인간은 노력과 결과가 분명한 인과관계라고 믿을 때, 즉 열심히 하면 분명 그에 따른 좋은 결과가 있을 거라고 믿을 때 주어진 일을 열심히 하게 됩니다. 아이들은 두말할 것도 없고, 성인들 역시 마찬가지입니다. 특히나 지루함을 견디지 못하는 이들은 몇 달을 노력해야 성과가 눈에 보이는 일을 시도하면 실패하게 마련이죠. 중간 중간 작은 성취를 확인할 수 있을 만한 일에 도전하는 편이 현명합니다.

모르는 것을 외우려 하지 말아야 합니다

그래도 지루하게 학습을 해서 익혀야만 하는 상황이 있을 수 있습니다. 고시 공부가 대표적인 사례겠죠. 이럴 때는 처음부터 꼼꼼하고 완벽하게 모든 것을 익혀야 한다는 강박을 버려야 합니다. 차라리 좀 더 다채로운 이미지를 보여주는 동영상 강의로 공부를 하거나, 책을 읽어야 한다면 훑어보듯 대강 여러 번 읽는 것이 낫습니다. 일단 어디에 무슨 내용이 있는지 정도로 파악하고 나서 차근차근 공부해야 합니다.

말이 나온 김에 공부법에 대해 잠깐 더 이야기해보겠습니다. 저는 한 가지를 이해가 될 때까지 집요하게 계속 외우는 방식을 '낚시형 학습'이라고 이야기합니다. 한 곳에 찌를 드리우고 물고기가 잡힐 때까지 참을성 있게 기다리는 낚시꾼처럼 무조건 될 때까지 하고 하고 또 하는 것을 말하죠. 타고나길 집중력이 좋아서 그렇게 몇 번만 하면 딱딱 습득하는 사람이라면 이렇게 공부해도 됩니다.

그러나 대다수의 사람들은 그러기 힘듭니다. 바로 여기에 낚시형 학습의 맹점이 있습니다. 같은 것을 몇 번 반복했는데도 머릿속에 들어오지 않으면 그런 스스로가 한심하고 바보처럼 느껴진다는 것입니다. 그러다 보면 어느샌가 다른 데 한눈을 팔고 있는 스스로를 발견하게 됩니다.

지루함을 견디지 못하는 사람들에게는 '그물형 학습'이 더 효과적입니다. 이해가 좀 안 되는 부분은 안 되는 대로 넘기고 하루에 10페이지면 10페이지, 20페이지면 20페이지를 일단 한 번 봅니다. 다른 과목도 그런 식으로 공부하죠. 그러고 나서 다음 날 혹은 이틀 후에 또다시 읽어봅니다. 그런 식으로 시간 간격을 두고 편안하게 읽어보는 방식으로 반복해나간다면 어느 순간 그 내용이 상당히 익숙해질 수 있습니다. 많은 부분에 그물을 뿌려놓고 고기가 잡히길 기다리는 것입니다.

게으름과 헤어지는 법

- 지루한 것을 참기 힘들다면 오전과 오후에 다른 일/공부를 하거나, 일주일에 반반씩 다른 성격의 일/공부를 하는 식으로 계획을 세워봅니다.
- 시간을 쪼개 쓰고 마감 기한을 정해놓습니다.
- 모르는 것을 끝까지 붙들고 있는 대신 처음부터 끝까지 되든 안 되든 여러 번 반복하는 식으로 과제를 완수합니다.

뭐라도 좀 해보려고 하면 꼭 누군가가 나타나요

: 방해하는 인간

요새 영화를 보면 살인 장면이 등장하지 않는 경우가 드뭅니다. 미스터리물이나 스릴러물이야 그럴 수 있다 치지만, 로맨스물이나 코미디물처럼 살인과는 전혀 관계없을 것 같은 장르에까지 살인 장면은 차고 넘칩니다. 드라마도 예외가 아닙니다. 영화보다 더 많은 이들이 손쉽게 접할 수 있는 드라마에서조차 살인 장면은 어김없이 등장합니다.

게다가 TV 뉴스나 신문에서는 범죄 뉴스가 끊임없이 우리 눈길을 끕니다. 그래서인지 최근 들어 살인 사건이 급증하는 것만 같습니다. 그러나 실제로 범죄 통계를 보면 살인 사건은 오히려 줄어드는 추세라고 하네요.

그렇다면 일정 부분 현실을 반영하게 마련인 영화, 드라마, 뉴스, 신문에 왜 이렇게 살인에 관한 이야기가 끝도 없이 등장하는 것일까요? 바로 살인에 대한 심리적인 수요가 존재하기 때문입니다. 이는 곧 죽이고 싶을 정도로 미운 사람이 늘어나고 있다는 뜻입니다.

인간 장애물만큼 내 인생에 방해가 되는 것이 또 없습니다. 이 지긋지긋한 인간 장애물을 처리하지 않으면, 그것에 막혀 그 어떤 일이든 진도가 나가기 힘듭니다.

인간 장애물 유형

다음은 내 앞길을 가로막음으로써 내가 게을러지도록 유도하는 보편적인 인간 장애물 유형입니다. 이들은 비단 나를 게으르게 만드는 것만이 아니라 내 인생 전반을 쥐고 흔들며 끊임없이 나를 괴롭힙니다. 때문에 무조건 버리거나 피해야 합니다.

착취하는 인간

어느 집안이든 들여다보면 버는 사람 따로 있고, 쓰는 사람 따로 있는 경우가 많습니다. 쓰는 사람이야 별로 그 점을 신경 쓰지 않겠지만, 버는 사람은 그 사실을 인식하는 순간 엄청난 회의감에 빠질 수 있죠.

'아무리 부지런히 일해봐야 소용없어. 결국 고생하는 사람만 계속 고생하지.'

이런 생각에 휩싸이면 그때부터는 일을 하거나 자기계발을 해나갈 필요도, 나아가 열심히 살아갈 이유도 없다고 느낍니다. 그렇잖아요. 사치스러운 아내를 둔 남편은 아무리 많이 벌어도 밑 빠진 독에 물 붓기죠. 부모님이 상의 없이 계속 보증을 서주다 잘못되는 일이 반복되면 아무리 자식이 열심히 돈을 벌어와도 빚에 깔려 허덕거릴 겁니다. 이런 상황인데 어떻게 의욕이 생길 수 있을까요?

슬프지만, 이들은 정말 '나를 착취하는 사람'입니다. 착취하는 사람들이 주변에 있어선 안 됩니다. 그런데 대체로 이런 사람들은 가족인 경우가 많죠. 보기 싫어도 안 볼 수 없는 관계입니다. 이럴 때는 '파업'이라도 선포하세요. 그들이 경각심을 느낄 수 있도록 해야 합니다. 마음을 굳게 먹고 더는 그들의 뒤치다꺼리를 할 수 없다고 말해버리세요. 내가 고민하고 노력해서 얻은 내 노동의 대가는 온전히 나를 위해서만 쓰겠다고 선포하세요.

평생 그러라는 것이 아닙니다. 그들이 정신을 차릴 때까지라도 냉정해지라는 거예요. 길게 보면 그것이 그들을 위하는 일이기도 합니다.

과시하는 인간

"난 취업 걱정 안 해. 우리 엄마가 '빽'이 좀 좋잖아. 대기업에 줄 대서 아마 내 자리 만들어줄 거야."

설마 주변에 이런 말을 아무렇지 않게 하는 사람이 있진 않겠죠? 이 정도까지는 아니더라도 유독 상대에 대한 배려 없이 자신의 상황을 과시하고 자랑하는 인간들이 있습니다. 이들과 이야기를 하다 보면 맥이 탁 풀리고 말죠. 그냥 이들 옆에 있는 것만으로 마음이 싱숭생숭해질 때도 많습니다.

'역시 금수저는 다르구나. 어차피 공정하지 않은 세상, 내가 열심히 한다고 뭐가 달라져?'

이런 마음이 수시로 나를 찾아옵니다. '아니야, 열심히 해야지' 하며 마음을 다잡아보지만, 곧 자신은 아무리 노력해도 그 인간만큼 잘살 수는 없을 것 같다는 생각에 끝없는 회의감이 몰려옵니다. 로또나 사서 인생 한 방을 노려볼까 하는 생각마저 들죠. 정말 멀리해야 할 인간들입니다.

어쩌면 우리는 정말 평생을 달려가도 그런 인간들보다 잘살 수 없을지도 모릅니다. 그런데 '잘산다'는 것의 의미를 다시 생각해볼 필요가 있습니다. 경제적으로 풍족한 것만이 '잘산다'의 기준일까요? 세상물정 모르고 부모의 치마폭에 싸여 노력 없이 얻은 것들을 누리며 사는 친구들보다 어렵게 산다는 게 뭔지, 내가 노력해서 무언가를 성취했을 때의 기쁨이란 무엇인지를 분명히 알고, 그래서 나뿐 아니라 남도 생각하고 세상도 생각할 만큼 성숙한 내가 더 '잘사는 사람일 것'이란 생각을 한 번쯤 해보시면 어떨까 합니다.

얌체 짓 하는 인간

사람들이 모여 있는 집단을 들여다보면 얌체가 꼭 한 명씩은 있게 마련입니다. 이들은 자신에게 이익이 되는 일에는 미친 듯이 달려들지만, 그렇지 않은 일은 거들떠보지도 않습니다. 나에게는 곤란한 일을 눈 하나 깜빡하지 않고 부탁을 하고선, 정작 내가 별것 아닌 부탁을 할 때는 어떻게 해서든 교묘하게 빠져나가려 합니다. 어쩌다 내 부탁을 들어줄 때도 얼마나 생색을 심하게 내는지, 거북할 때가 많습니다.

이들과 그냥 아는 사이 정도로 거리를 유지하며 지낼 때는 큰 문제가 없지만, 함께 스터디나 프로젝트 등을 하게 되면 문제가 생깁니다. 짐작하셨겠지만, 이들은 약속을 잘 어기고 맡은 일도 잘 해오지 않습니다. 결국 그로 인한 피해는 고스란히 내 몫으로 남습니다. 울며 겨자 먹기로 혼자 끙끙대며 모든 일을 해내지만, 그 노력의 대가는 이들이 가져가버립니다.

'죽 쒀서 개 줬구나.'

이런 허탈감이 밀려오면 이미 때는 늦은 겁니다. 온갖 후회와 함께 '내 다시는 열심히 하나 봐라' 하는 생각이 절로 듭니다. 속에서는 천불이 나죠.

그러니 이 얌체 짓 하는 사람과는 절대 일이든 공부든 함께하지 마세요. 이들을 내 인생에서 완전히 제거해버리세요. 나만 화나고, 상처받고, 그러다 무기력에 빠지고 마니까요.

말이 너무 많은 인간

수다쟁이들은 듣는 사람을 힘들게 하고 시간을 엄청 빼앗습니다. 그리고 말이 길어지다 보면 자연히 누군가의 험담을 늘어놓기도 하고 상대가 듣건 말건 끊임없이 자기 얘기를 하면서 자랑을 늘어놓기도 하고, 불평을 터뜨리기도 합니다. 좋은 구석이라곤 없죠.

우리가 목표를 향해 나아가는 데 있어 사람들과의 적당한 상호작용은 건강한 자극을 줄 수 있습니다. 그러나 이런 수다쟁이들과는 일단 대화를 하는 것만으로 너무 피곤하기 때문에(듣는 데도 많은 에너지가 필요합니다. 그 말이 부정적일 때는 정말 더 많은 에너지를 빼앗게 마련이죠) 목표에 쏟을 내 에너지를 엄청나게 잃어버릴 수 있습니다.

물리적인 시간을 잃는 건 어떻고요. 이들은 상대의 시간이 어떤지는 전혀 개의치 않고 몇 시간이고 쉴 새 없이 말을 이어갑니다. 잠시 정신줄을 놓아버리면 벌써 대여섯 시간이 훌쩍 지나가 있곤 하죠.

이런 수다쟁이와는 가능하면 대화를 시작하지 말아야 합니다. 말을 꺼내려는 기미가 보이면 화장실에 가든, 약속이 있다고 핑계를 대든 해서 자리를 피해버리세요.

필요한 건 따뜻한 말 한마디

이 책을 보시는 분은 아마도 스스로가 게으르다고 여기는 분, 아니면 가까운 사람이 너무 게을러서 견딜 수가 없는 분, 둘 중

하나일 것입니다. 그런데 만약 본인이 후자에 속한다면, 스스로가 너무 그 대상을 게으르다고 탓하면서 구박하진 않았는지 생각해보시기 바랍니다.

우리는 누군가로부터 심리적인 압박을 받으면 공부하고 싶은 마음, 일하고 싶은 마음이 사라져버립니다. 앞서 아이 성적 때문에 부모와 아이가 함께 병원을 찾는 경우, 심리 검사 등을 받는다고 말씀드린 바 있는데요. 보통 중학생이 되면서 성적이 급격히 떨어진 아이들은 심리 검사를 하면 분노 수치, 우울 수치, 불안 수치가 상승해 있는 경우가 많습니다. 이런 아이들 중 상당수는 체벌을 비롯한 지나친 훈육 때문에 고통받고 있습니다.

초등학생 때까지는 체벌 등 강력한 훈육을 했을 때 아이들이 열심히 공부를 하고 그것이 성적 향상으로 이어지기도 합니다. 공부의 양이 정해져 있기도 하고 아이가 아직은 부모를 만족시키는 걸 중요한 자신의 과제로 여기기 때문이죠. 그러나 중학생 정도가 되면 상황은 완전히 바뀝니다. 공부 범위도 넓어질뿐더러 아이들이 부모의 요구가 합리적인지 비합리적인지, 정당한지 부당한지를 판단할 수 있게 됩니다. 그러면서 억지로 공부를 해도 성적이 오르지 않는 데 따른 좌절감, 비합리적이고 부당한 부모의 요구에 대한 분노가 솟구칩니다.

중학생이 되면 부모에게 체벌을 받거나 욕을 먹었을 때 그 트라우마가 짧게는 보름, 길게는 한 달을 갑니다. 보름에서 한 달 정도는 뇌가 정지된다고 보시면 됩니다. 이럴 때는 성적이 떨어졌다고 아이를 야단칠 것이 아니라 따뜻하게 위로해줘야 합니다. 진정한 위로를 받은 아이들은 시간이 지날수록 조금씩 성적이 올라가게 되어 있습니다.

이것이 비단 아이들에게만 해당되는 이야기일까요? 당연히 아닙니다. 성인들에게도 마찬가지로 적용되는 이야기입니다. 여자친구가 오랫동안 준비했던 공무원 시험에서 떨어졌습니다. 남편이 승진 대상에서 누락됐습니다. 아이의 토익 점수가 또 제자리걸음입니다. 이때 가장 괴로운 것은 나 자신이 아니라 바로 그들입니다. 이미 충분히 스스로를 자책하고 있을 그들에게 분노의 일격을 가하는 대신 따뜻한 말 한마디를 건네주세요.

그리고 만약 주변에 내가 좌절했을 때 나를 끊임없이 질책하는 누군가가 있다면 무조건 멀리하시기 바랍니다. 최소한 내 마음이 진정될 때까지는 가능하면 얼굴을 안 보는 게 낫습니다. 그것이 내가 다시 정신을 수습해 목표를 세우고 앞으로 나아가기 위한 방법입니다.

게으름과 헤어지는 법

- 나를 착취하는 인간에게는 파업을 선포하세요. 내 돈이든 시간이든 그 무엇이든, 더는 그를 위해 쓰지 않겠다고 당당히 말하고 실행에 옮겨야 합니다.
- 내 앞에서 잘난 척하는 인간, 얌체 짓을 하는 인간은 꼭 피해야 할 대상입니다. 이들과는 절대 엮이지 않도록 주의하되, 만에 하나 무언가를 함께 해야 할 경우에는 책임 범위를 명확히 하고 결과가 나왔을 때 기여한 정도를 반드시 표시해야 합니다.
- 말 많은 인간이 말을 걸어올 때는 핑계를 대고 그 자리를 피하세요. 위험합니다.

빨리 성과가 보이질 않으니 답답해요

: 조급한 성격

성질 급한 분들 많으시죠? 설명서에 3분이면 익는다고 나와 있는 컵라면에 물을 부어놓고서 채 3분을 기다리지 못하고 자꾸 뚜껑을 열어보는 사람, 꼭 있습니다. 다 같이 고기를 구워먹을 때도, 서로 이야기를 나누며 고기가 익기를 천천히 기다리는 사람이 있는가 하면 고기가 익었나 안 익었나 자꾸 뒤집어보는 사람 또한 분명 있습니다.

어떤 목표를 이루는 데 있어 성격이 급한 건 크게 문제가 안 됩니다. 조급한 마음에 일을 빨리 빨리 처리해 더 큰 성과를 이룰 수도 있거든요. 문제는 자기 능력은 아랑곳하지 않고 마음만 앞서서 너무 높은 목표를 세우고는 그것이 이루어지지 않는다고 좌절하며 무기력증에 빠지는 분들입니다.

느린 것은 게으른 것이 아니다

이들은 무언가를 시작하고 나서 너무 빨리 성과를 기대합니다. 그러다 보니 처음에는 열심히 하죠. 그러다가 벽에 부닥치거나 자기가 기대한 만큼 성과가 나오질 않으면 '역시 나는 안 되는 건가' 하는 생각에 쉽사리 포기하고 맙니다. 운동이든 외국어든 무언가를 배우더라도 처음에 조금 해보다가 생각만큼 실력이 늘지 않는다고 생각하면 그만둬버립니다. 그래서 이들은 도전해본 영역은 엄청나게 많은데, 괄목할 만한 성취를 했다거나 꾸준히 해나가는 것은 거의 없습니다.

이들의 방을 보면 엉망인 경우가 많습니다. 그냥 되는 대로 물건을 쌓아놓고 정리를 하지 않죠. 방만 그런 것이 아닙니다. 만사가 그렇습니다. 일단 일을 벌이고 문제가 발생해도 나중에 어떻게 되겠거니 하며 미룹니다. 그러다 보면 도저히 수습이 불가능할 정도로 엉켜버립니다. 처음부터 하나씩 하나씩 튼튼하게 쌓아올리지 않으면 물건도 일도 한순간에 와르르 무너져내리게 마련인데 말이죠.

당연한 말이지만 매일 조금씩 천천히 하더라도 끝까지 가는 쪽이 처음에 미친 듯이 하다가 중간에 제 풀에 지쳐 포기하는 것보다 백 배 낫습니다. 중간에 그만두는 것도 게으른 것입니다. 결국 다짐만 하고 이루지는 못하는 거니까요. 그러니 시험이 되었건 일이 되었건 끝까지 해나가기 위해서는 당장 조급증을 버려야 합니다.

사람들은 종종 느린 것과 게으른 것을 동일시하곤 합니다. 하지만 느린 것과 게으른 것은 분명히 다릅니다. 빠르고 부정확한 것과 느리고 정확한 것 중에 무엇이 더 나을까요? 문제를 빨리 풀긴 하지만 실수를 연발해 종종 답을 밀려 쓰는 학생과 느리지만 천천히 문제를 고민하고 실수 없이 답안을 완성하는 학생 가운데 누가 최종 평균 점수가 높을까요?

늦었다는 생각이 들면 사람은 당황하게 마련입니다. 차가 막힐지 모른다는 생각에 지하철역으로 서둘러 뛰어가 겨우 지하철을 탔는데 아뿔싸, 방향이 틀린 차를 타고 말았던 경험, 한 번쯤 있으시죠? 조급하게 굴다 보면 실수를 면하기 어려운 법입니다.

무엇이든 열심히 하는 것은 좋은 것, 중요한 것입니다. 하지만 계획을 세워놓고 초반부터 너무 무리하다 보면 판단력을 잃게 됩니다. 기초부터 차근차근 밟아 올라가야 하는데 정상부터 밟으려고 성큼성큼 뛰어가다 보니 다 올라가기 전에 이미 지쳐버리고 발도 삐끗하기 쉬운 겁니다. 게다가 디테일한 부분을 놓치고 그냥 지나가버릴 가능성도 큽니다. 앞서 공부법을 설명하면서 대강대강 여러 번 반복해서 읽는 방법을 말씀드렸는데, 조급한 분들은 대강대강 읽으라는 말에만 꽂혀 정말 대강대강 읽고 왜 머릿속에 남는 내용이 없는 거냐고 투정을 합니다. 본인의 문제라는 것을 전혀 생각지 못한 채 말이죠.

성공과 실패는 공평하게 찾아오는 것

"매진 임박! 이제 시간이 얼마 남지 않았습니다. 이 가격에 살 수 있는 기회는 오늘이 마지막입니다."

홈쇼핑을 보면 이런 멘트가 심심치 않게 등장합니다. TV 화면 속 시계는 점점 째깍째깍 소리를 내며 급박하게 흘러갑니다. 고민을 하다 "이 가격에 살 수 있는 기회는 오늘이 마지막"이란 말에 두 눈을 질끈 감고 신용카드를 꺼냅니다. 그러나 며칠만 지나고 나면 더 좋은 물건이 더 싼 가격에 판매됩니다. 어김없이 "이제 시간이 얼마 남지 않았습니다. 마지막 기회!"라고 외치는 쇼호스트의 긴장된 모습과 함께.

홈쇼핑은 대중의 조급증을 정확하게 간파하고 있습니다. 조급증에 빠지면 일이 조금만 뜻대로 안 풀려도 금세 다른 일을 해야 할 것 같은 기분에 휩싸이게 됩니다. 남보다 1분, 1초라도 빨리 움직여야 할 것 같은 강박에 떨게 되죠. 그래서 대기업 공채에 한두 번 떨어지고 나서 '아, 나도 공무원 준비를 해야 하나' 하는 생각을 하게 된다거나, 공무원 시험 준비를 하다가도 불안감에 '자격증을 따야겠다'는 생각을 합니다. 자격증 준비를 하다가 생각대로 풀리지 않으면 '사업을 시작해볼까' 하는 생각도 합니다.

이렇게 계속 이것저것 찔러보기만 하다 결국 아무것도 이루지 못한 채 몇 년의 시간을 날려버립니다. 그야말로 시간만 낭비해버리는 셈입니다.

우리가 목표를 세우고 그것을 이루기 위해 노력했을 때 모든 상황이 내 뜻대로 되지는 않는 법입니다. 물론 도저히 이룰 가능성이 희박한 일에 죽을 때까지 매달려선 안 될 것입니다. 그래서 중간 중간 '이 목표가 맞는 것인지' '목표를 향해 가는 이 길이 맞는 것인지' 점검이 필요한 거겠죠. 하지만 기본적으로 목표를 정했으면 그 목표를 이루는 데 어느 정도의 충분한 시간을 정해놓고 그 시간 동안은 최선을 다하는 것이 필요합니다.

목수가 가구를 만들다 보면 톱밥이 생길 수밖에 없습니다. 건물을 짓다 보면 먼지가 생기지 않을 수 없습니다. 성공하기 위해 치열하게 살다 보면 실패 역시 따르는 게 당연합니다. 이렇게 성공과 실패를 번갈아 경험하며 사는 것이 인생입니다.

따라서 연이어 성공을 할 때는 연속되는 실패를 경계하고, 실패를 했을 때는 언젠가 성공이 찾아올 것을 믿고 너무 조급하게 포기해선 안 됩니다. 실패는 누구나에게 공평하게 찾아오지만, 누군가는 한 번의 실패에 무너지고 누군가는 그 실패를 딛고 일어서는 것입니다. 이런 점을 명심하고 여러분이 너무 조급해하지 않았으면 합니다.

내 안의 조급증과 결별하기

그렇다면 조급증으로부터 벗어나기 위해 어떻게 해야 하는 걸까요?

먼저, 작은 목표를 세워 성취해나가다 보면 '나도 할 수 있다'는 생각 때문에 조급증이 다소 줄어들 수 있습니다. 이때 세우는 목표는 지금 하고자 하는 것과 직접적인 상관은 없더라도, 과거 내가 목표를 세워 이루어봤던 것의 연장선상에 놓인 것이 좋습니다. 스스로의 힘으로 영어를 웬만큼 마스터해봤던 이는 프랑스어를 공부할 때도 자신감을 갖고 있습니다. 영어, 프랑스어를 해낸 이는 중국어 공부를 할 때도 좀 더 적극적입니다. 피아노를 어느 정도 할 줄 아는 사람은 바이올린 등 다른 악기에 도전해봐도 좋습니다.

포기할 수 없는 상황을 만드는 것도 도움이 됩니다. 일단 발을 담그면 빠져나오기 어려울 만한 환경을 스스로 만들어보는 것입니다. 예를 들어, 매일 아침 시간을 활용해 새로운 운동을 배워보기로 결심했다면 "난 아침마다 출근 전에 1시간씩 수영 수업을 듣고 올 거야"라고 회사 후배들에게 선포해보세요. 남보다 수영 실력이 빨리 늘지 않아 그만두고 싶은 순간이 찾아올 때마다 후배들에게 해놓은 이야기를 떠올리면 부끄러워서라도 마음을 다잡게 될지 모릅니다.

포기하고 싶을 때마다 나에게 중요한 사람을 떠올리는 것도 도움이 됩니다. 혹은 책임감을 일깨우는 것도 좋습니다. 유리 천장을 깨고 남자들도 버티기 힘들다는 금융업계의 큰손으로 성공한 어느 여성 기업가는 '내가 지금 그만두면 앞으로 여자 후배들이 이 길을 걷는 데 방해가 될 거야'라는 생각을 수시로 했다고 합니다. 자기보다 능력이 부족한데도 훨씬 빨리 승승장구하는 남자 동기들을 바라보며 '나는 왜 이렇게 성공이 더딜까' 좌절할 수밖에 없었던 모든 순간에 말이죠. 때로 우리는 나 자신이 아닌 타인을 위해 무언가를 한다고 생각했을 때 훨씬 초인적인 인내심과 노력을 발휘할 수 있는 법입니다.

언젠가 내가 해내고 말 것이라는 자신감도 중요합니다. 지금은 난관을 맞이했지만 영원한 난관은 없다고 생각해보는 것입니다. 이때 나의 잠재력을 알아봐주고 무조건적인 지지를 건네주는 사람을 만나는 것도 도움이 됩니다. "넌 할 수 있어. 언젠가는 꼭 해내고 말 거야"라는 말처럼 용기가 되는 것이 없습니다. 그런 말을 진심으로 건네줄 수 있는 사람이 퍼뜩 떠오르지 않는다면 나보다 인생 경험이 많은 할아버지나 할머니를 만나 이야기를 들어보세요. 긴 생을 살다 보면 조급한 것이 그다지 쓸모가 없다는 것을 누구보다 잘 아는 분들이기 때문입니다.

마지막으로, 정말 장기적인 계획을 세워볼 것을 권합니다. 100살 때까지의 인생 계획을 세워보는 겁니다. 1달은 엄청나게 긴 시간이지만, 1년보다는 짧습니다. 마찬가지로 1년은 10년에 비해서는 무척 짧습니다. 하루 일찍 성공하는 것, 1주일 일찍 끝내는 것에 연연할 필요가 없다는 것을, 장기 계획을 세우다 보면 저절로 깨달을 수 있습니다.

게으름과 헤어지는 법

- 이루려고 하는 큰 목표 아래 작은 목표를 여럿 만들어놓고 이것들을 하나하나 빨리 성취해가는 연습을 해보세요. 작은 목표들을 여럿 이루다 보면 쉽사리 지치지 않을 뿐더러 어느새 큰 목표에까지 한층 다가가 있음을 알 수 있을 거예요.
- 포기하고 싶을 때마다 이 목표로 인해 희망을 얻게 될 그 누군가를 떠올리며 사명감을 일깨워보세요. 나보다 남을 위해 무언가를 할 때 우리는 더 많이 힘을 내는 존재이니까요.
- 장기적인 계획을 세워보세요. 조급한 마음이 차분하게 가라앉을 수 있어요.

이건 다 그 사람 책임이에요

: 남 탓하는 버릇

한 분야에서 성공한 사람들은 대체로 엄청나게 부지런한 이들입니다. 그런데 부지런하다고 해서 모두가 성공하는 것은 아닙니다. 이들이 부지런함을 꾸준히 유지해 성공에 도달하는 데는 남다른 이유가 있습니다. 바로 '목적의식'입니다.

이들은 무언가를 시작했으면 그것을 끝내야만 한다는 집념을 가지고 있습니다. 그 집념 뒤에는 '책임감'이 존재하죠. 이 책임감은 나 자신에 대한 책임감일 때도 있고, 다른 누군가에 대한 책임감일 때도 있습니다.

하지만 중요한 것은 이 책임감이 있느냐 없느냐가 목표를 달성하느냐 마느냐와 가장 직접적으로 관련이 있다는 점입니다. 바꾸어 말하면, '무책임'이라는 장애물을 제거해야 게으름에서 빠져나갈 수 있다고 볼 수 있겠죠.

나만 옳다는 사람들

"제가 숙제를 하려고 책상 앞에 앉았는데요. 싫다는데도 엄마가 하도 밥을 먹고 하라 그래서, 잠깐 밥 먹으러 나갔다가 TV를 보느라……."

"말씀하신 업무 말인데요. 제가 어떻게 해서든 오늘까지 끝내려고 했는데, 오늘따라 전화가 너무 많이 와서 일일이 응대하느라……."

우리는 해야 할 일을 놓쳤을 때 종종 남 탓, 상황 탓을 하곤 합니다. 누가 봐도 자기가 마음만 제대로 다잡고 했으면 충분히 해낼 수 있었을 일인데 말입니다. 대체 왜 이러는 걸까요? 바로 남 탓, 상황 탓을 하면서 자기 잘못을 덮고자 하기 때문입니다.

조금 거칠게 이야기하자면 '인간은 누구나 자기 잘난 맛에 산다'라고도 할 수 있습니다. 그래서 유독 겸손하다고 칭찬받는 사람도 내면 깊숙한 곳을 들여다보면, 오히려 그 겸손함을 통해 자기 우월감을 유지하려고 하는 경우가 많습니다.

그렇다 보니 내가 해야 할 일을 그르쳤을 때, 그 이유가 나에게 있다고 생각하면 마음이 편치 않습니다. 자기가 못난 사람이 된 것만 같아 견디질 못합니다. 하다못해 살인을 저지른 자들조차 "피해자가 내 말만 잘 들었으면 내가 그를 죽이는 일은 없었을 것"이라고 핑계를 댑니다. 우리가 보기엔 기가 찰 일이지만, 사실 대부분의 인간은 그처럼 빤히 보이는 잘못을 저질렀을 때조차 잘못을 인정하지 않는 경우가 많습니다.

좀 더 극단적인 이들도 있습니다. 항상 자신은 백지처럼 하얗고, 순수한 마음을 지니고 있고, 항상 옳다고 생각하는 이들이 그렇죠. 세상 일 중에는 나만 맞고 상대방이 틀리거나, 내가 틀리고 상대방만 옳은 일이 거의 없습니다. 오히려 나도 맞고 상대방도 맞거나, 나도 틀리고 상대방도 틀리는 경우가 적지 않습니다. 그런데 항상 자신은 착하고 옳다고 생각을 하다 보니, 잘못된 일이나 불쾌한 일이 생기는 경우 전부 남 탓으로 돌리게 되는 것입니다. 만약 내가 목표한 일을 제대로 이루지 못하는 이유가 내 주위에 나를 유혹하는 친구들이 많아서라든가, 같이 작업하는 사람 중에 엉터리로 하는 사람이 있어서라는 생각이 든다면, 혹시 정말 그런 것인지, 거기에 내 문제도 있는 건 아닌지 곰곰이 생각해

너 때문이야!!

보시기 바랍니다.

이런 사고방식을 갖고 있는 이들은 결국 문제의 원인이 타인 혹은 환경에 있다고 여기기 때문에, 그들 혹은 그것들을 통제해 문제를 해결하고자 합니다. 그것이 진짜 문제라는 것도 모른 채 말입니다.

"엄마가 자꾸 나 밥 먹으라고 그래서 내가 공부를 못 하는 거니까, 이제 내 방에 간단히 먹을 수 있는 샌드위치나 만들어다 줘."

"제가 오늘까지 이 업무 다 끝낼 테니까, 제 전화선을 오늘만 좀 빼놓으면 안 될까요?"

이런 결론에 도달한다는 겁니다. 그것이 주변 사람들에게 얼마나 민폐가 되는 일인지 신경도 쓰지 않고 말이죠.

심지어 이들은 자기가 무언가를 하는 데 방해가 된다는 이유로 자잘한 일들을 모두 미루며 남을 부려먹기까지 합니다. 리모컨을 갖다 달라는 둥, 집 앞 편의점에 가서 콜라를 사오라는 둥 하는 겁니다. 그러다 거절을 당한다거나 부탁받은 상대방이 조금이라도 늦게 그 부탁을 들어주면 '너 때문에 계획이 다 틀어졌다'면서 불같이 짜증을 냅니다.

역할 수용이 필요한 이유

자신의 게으름이 자꾸 남 탓인 것만 같다면, 가슴에 손을 얹고 정말 그런지 한번 질문을 던져보세요. 정말 나 자신이 아닌 외부적인 문제 때문에 내가 목표를 이루지 못한 걸까요? 나에게 혹시 무책임한 면이 있진 않은가요?

진정한 책임감은 '역할 수용'이 가능할 때 생겨납니다. '역할 수용'이란 상대방의 입장이 되어서 그에 맞춰 반응하는 것을 말합니다. 즉, 내가 기쁘지 않아도 상대방이 기뻐하면 기쁜 척하고, 내가 슬프지 않아도 상대방이 슬퍼하면 슬픈 척하고, 내가 화나지 않아도 상대방이 슬퍼하면 슬픈 척하는 것입니다. 우리는 누구나 살면서 조금씩은 연기를 하게 됩니다. TV 예능 프로그램에서는 그것을 '리액션reaction'이라고 표현하죠.

아이들이 유치원이나 초등학교에 들어가 적응하려고 할 때는 역할 수용이 무엇보다 중요합니다. 내가 하고 싶은 대로만 하면 남들이 싫어할 것이라는 걸 알아야 사회생활이 가능합니다. 흔히 엄마들은 아이들에게 옳고 그름의 잣대를 들이대며 '남을 때리는 것은 나쁘다' '남의 물건을 빼앗는 것은 나쁘다'는 식으로 아이들을 가르치고 그에 어긋난 행동을 했을 경우 야단을 칩니다. 하지만 어른들이 직장생활, 사회생활에서 억울한 일을 당하고도 참는 것은 그것이 옳기 때문이 아닙니다. 내가 억울한 일에 대해 화를 내면 상대방이 나를 싫어하게 되면서 불이익을 당할까 봐 두려워서 그러는 것입니다.

그러나 초등학교 저학년 때까지는 역할 수용 능력이 부족하기 때문에 또래와의 다툼이 끊이질 않습니다. 아이들은 이 나이 때 잘못한 일이 있어도 부모에게 감추려 하고 결과적으로 거짓말을 하는 꼴이 되기도 합니다. 그러나 그것은 어떤 점에서 역할 수용 능력이 증가하고 있다는 신호입니다. 이때 아이에게 정직하게 이야기해도 괜찮다는 것을 부모가 행동을 통해 보여주어야 합니다. 잘못한 일이 있어도 화를 내기보다는 왜 그런지 잘 들어주고 어떻게 행동하는 것이 결과적으로 아이에게 이익이 되는지를 잘 설명해주는 것이 중요하죠.

초등학교 고학년부터 고등학교 때까지는 누군가가 어떤 행동을 했을 때 그 동기와 의도를 파악하는 능력이 점점 확장됩니다. 그러나 아직은 역할 수용 능력이 성인에 미치지는 못하기 때문에, 때때로 자신이 파악한 상대방의 동기나 의도, 감정에 근거해 상대방에게 상처를 주는 말이나 행동을 하기도 합니다. 이를 '사춘기의 반항'으로 보는 경우도 많습니다.

하지만 성인이 되어감에 따라 점점 역할 수용 능력이 커지면서 우리는 타인의 입장을 이해하고 타인이 원하는 말과 행동을 해주게 됩니다. 이는 어떻게 보면 우리가 점점 자유를 잃어가고 남의 눈치를 보게 된다는 것으로도 해석이 가능하지만, 다르게 생각하면 남의 눈치를 봐서라도 마냥 게으르게만 있을 수 없게 된다는 뜻으로도 해석할 수 있습니다.

물론 성인이 되어서도 역할 수용이 제대로 이루어지지 않는 사람이 있습니다. 이들은 자기 역할에 대한 인식이 부족한 것은 물론 책임감 자체도 희박합니다. 심지어 남들이 뭐라고 하면 '나한테 도대체 왜 이래?' '참, 정말 귀찮게 구네'라고 생각하며 자신이 왜 그런 이야기를 들어야 하는지 이해하지 못합니다. 그렇게 자기는 왜 매번 일이 잘 안 풀리는지 모르겠다고 투덜대면서 게으름에서 벗어나지 못합니다.

감정 이입이 필요한 이유

역할 수용에서 한 발 더 나아가 남이 슬플 때 슬픔을 느끼고, 남이 기쁠 때 기쁨을 느끼는 것을 감정 이입이라고 합니다. 게으름에서 벗어나기 위해서는 궁극적으로 '감정 이입'이 가능해야 합니다.

인간의 양심을 구성하는 요소 중 가장 중요한 것이 감정 이입입니다. '내가 저 친구를 때리면 저 친구는 정말 아파하겠지' 하는 생각을 가진 사람이 친구를 때릴 수는 없는 법입니다. '내가 아빠한테 화를 내면 아빠가 무척 슬퍼하실 거야'라는 생각을 가진 딸은 아빠한테 화를 낼 수 없을 것이고요.

우리는 자기 자신을 위해 공부하고, 자기 자신을 위해 일하고, 자기 자신을 위해 자기계발을 하기도 하지만, 누군가를 위해 공부하고, 누군가를 위해 일하고, 누군가를 위해 자기계발을 하는 경우도 많습니다. 주로 사랑하는 사람들이죠. 특히 어렸을 때는 부모님을 위해 공부한다는 생각을 많이 합니다. 그러다 좀 커서 진로를 결정하게 될 때, 그 진로로 나아가기 위한 준비를 하게 될 때 역시 부모님 등 가족을 많이 고려하게 됩니다. 결혼을 하고 나서는 고려하는 대상이 배우자, 자녀로 변합니다. 부양가족이 생기는 셈인데, 이들로 인해 이전과는 비교할 수 없는 책임감을 느끼게 되죠. 내가 일하지 않으면 누군가가 그로 인해 실망하고, 고생하고, 괴로워할 것이라는 점을 느낄 수 있을 때 진정한 책임감이 생기는 것입니다.

감정 이입에 서툰 사람들 중에는 책임감이 부족한 이들이 많습니다. 우리가 어려운 목표를 세우고 그것을 향해 정진할 때는 힘들어서 멈추고 싶다고 느끼는 순간들을 많이 만나게 되는데요. 그때마다 다시 내 의지를 끌어올리는 것은 '나 자신의 미래를 위해'라는 생각도 생각이지만 '내가 사랑하는 누군가를 위해'라는 생각일 때가 훨씬 더 많습니다. 감정 이입이 안 되는 사람들은 이런 생각을 잘 하지 못하고, 결국 앞으로 더 나아갈 동력인 책임감을 발견하지 못하게 되죠.

그래서 이런 사람들 중에는 편법을 찾는 이들이 제법 있습니다. 책임감이 없으니 그냥 내 몸과 마음이 편한 길을 찾으려고 하는 것입니다. 그렇게 정작 해야 할 일을 하지 않고 계속 편한 길을 찾다 보니 일이 쌓일 수밖에 없고, 쌓인 일이 할 엄두가 안 나니 점점 더 게을러질 수밖에 없습니다.

책임감 있는 사람 되기

역할 수용과 감정 이입을 통해 책임감을 갖는 것은 게으름을 고쳐나가는 데 꼭 필요한 일입니다. 그렇다면 결코 쉽지 않은 이

'책임감 갖기', 어디서부터 시작해야 할까요?

우선 내 안에 숨어 있는 책임감을 찾아보세요. 사람에게는 책임감을 느끼는 영역이 전부 다 다릅니다. 예를 들어, 다른 약속은 안 지키지만 술을 한 번 얻어먹으면 다음에는 꼭 사는 사람이 있습니다. 다른 사람과의 약속은 손바닥 뒤집듯이 하지만, 자녀와의 약속은 철저히 지키는 사람도 있죠. 윗사람이 억지로 시키는 일에 대해서는 이리 미루고 저리 미루지만, 동료나 부하직원에게 내뱉은 말은 철석같이 지키는 사람도 있고요. 이렇듯 현재 스스로 자신 있게 책임을 지는 부분이 무엇인지 떠올려보고 그 부분을 교두보로 삼으면서 조금씩 나의 책임지는 영역을 넓혀갈 수 있어야 합니다.

다음으로, 무책임의 결과를 그려보세요. 무책임한 이들은 막연히 미안한 감정을 느끼곤 합니다. 그러면서 그냥 상황을 모면하고 넘어가죠. 그런데 이렇게 물에 물탄 듯, 술에 술탄 듯 넘어가다 보면 진정한 죄책감을 느끼지 못합니다. 따라서 내 무책임한 행동으로 인해 무슨 일이 어떻게 발생했는지 구체적으로 따져보고 한번 적어볼 필요가 있습니다. 그로 인해 내 주위 사람들이 어떤 피해를 받았는지도 함께요. 그러고 나서 당사자들에게 사과를 하고 다시는 그러지 않겠다고 약속을 해야 합니다. 손편지를 쓰거나 각서를 남기면 더 좋습니다.

극단적인 게으름뱅이라면, 나의 무책임으로 인해 피해를 본 사람의 역할을 직접 해보는 것도 좋습니다. 뼈 빠지게 일하는 부모님의 그늘 아래서 백수로 무위도식하는 자식이라면, 부모님이 얼마나 힘들게 일하시는지를 직접 체험해보는 것이 중요합니다. 아버지가 택배기사로 일하는 어떤 분이 있었습니다. 하루는 아버지가 아파서 하루 일을 쉬게 되어, 아버지 대신 택배 일을 하러 나갔는데요. 그 이후 아버지가 얼마나 힘들게 일하고 계신지 크게 깨닫고, 본인의 일을 알아보기 시작한 일이 있었습니다. 말로만 듣고 눈으로만 보는 데는 한계가 있습니다. 무엇이든 직접 해본 다음 스스로 깨달아야 합니다. 그런 깨달음이 진정한 변화를 이끌어내게 마련입니다.

게으름과 헤어지는 법

- 자신이 어떤 대상 혹은 영역에 대해 가장 큰 책임감을 갖고 있는지 떠올려보세요. 그 대상 혹은 영역을 조금 더 확장한다고 생각해보면서, 책임감을 조금씩 키워가는 연습을 해봅니다.
- 내가 무책임해졌을 때 피해를 보는 사람들은 누구일까요? 그들에게 직접 보내지는 않더라도 포기하지 않겠다는 내용의 편지나 각서를 쓴 후, 의지력이 약해질 때마다 꺼내 읽어보세요.

어떻게 해야 할지 확신이 안 서요

: 선택 장애

사회에 나가기 전 마지막으로 학생 신분을 갖고 있던 그때, 확실히 진로를 결정한 몇몇 친구들을 뺀 우리 대부분은 갈등에 휩싸입니다.

'나를 받아줄 곳이 여기일까, 저기일까…….'

'취업을 할까, 유학을 갈까…….'

'이 자격증을 준비할까, 저 자격증을 준비할까…….'

고민이 길어질수록 정작 해야 할 일들에는 소홀해집니다. 고시원에서 시험 준비를 하면서도 딴전을 피우고, 영어 공부를 하면서도 중국어 교재를 뒤적거립니다. 자격증 수업을 들으면서 수시로 구인구직 사이트를 들락거립니다. 어느 하나에 절대 집중하지 못합니다. 이는 곧 원하는 결과에 도달하지 못하게 만드는, 또 다른 얼굴의 게으름입니다.

갈등이 위험한 이유

인간은 갈등할 때 아무것도 하지 못합니다. 나에게 이익도 되고 옳은 일이라는 생각이 드는 작업을 할 때는 갈등할 일이 없습니다. 반대로 나에게 손해가 되고 나쁜 일이란 생각이 드는 작업은 아예 시작도 하지 않을 겁니다.

그런데 해야만 하는 일이지만 나에게 손해가 된다거나, 나에게 이익은 되지만 하기 싫은 일 혹은 도덕적으로 문제가 되는 일을 해야 할 때는 커다란 갈등에 휩싸입니다. 고민 고민 끝에 결정을 하고 진행한다 해도 찝찝한 마음 혹은 죄책감에 시달립니다. 계속된 후회로 마음고생을 하는 건 물론입니다.

갈등이 위험한 이유는 이것이 지속되면 마음이 찢어지기 때문입니다. 이렇게 생각하시면 간단합니다. 엄청나게 질기고 굵은 고무벨트에 몸이 묶여 있다고 상상해보세요. 한 쪽 끝으로 달려가면 달려갈수록 점점 고무벨트가 잡아당기는 힘 역시 커집니다.

그러다가 한계에 부딪치면 복원력 때문에 반대쪽으로 튕겨 나갑니다. 이번에는 반대쪽으로 달려가 보지만 그 역시 마찬가지입니다. 갈등 상황은 온몸을 휘감은 굵은 고무벨트에 칭칭 매여 있는 상태와 유사합니다. 고무벨트를 끊어야 하듯이 갈등을 해결하지 않는 한 아무것도 할 수 없습니다.

갈등이 길어지면 너무 힘들어서 어떻게 해서든 결정을 짓고 싶어집니다. 그래서 한 쪽으로 죽어라 가기도 합니다. 하지만 내면의 문제가 해결되지 않는 한 끝까지 가지 못합니다. 그 사이에 마음은 점점 찢어지고, 마음이 망가지니 할 일을 하지 못한 채 게을러지고 우유부단해지는 것입니다. 결정을 잘 내리지 못하고, 누가 대신 결정해주어도 실천하지 못합니다.

나만 그러는 것이 아닙니다. 누구나 다 그렇습니다. 나에게 이래라 저래라 말하는 사람들 역시도 그런 상황에 처하면 꾸물대면서 아무것도 하지 못할 것입니다.

규칙 만들기 그리고 손익 따져보기

갈등을 극복하는 좋은 방법은 '규칙을 만드는 것'입니다. 갈등으로 인해 선택하지 못하고 꾸물거리는 습관을 흔히 '결정 장애' 라고들 표현합니다. 그런데 생각이 너무 많아서 결정을 하지 못할 때는 그것이 그렇게 중차대한 일이 아닐 경우, 차라리 운에 맡겨보는 것도 한 방법입니다. 두 가지 선택지 사이에서 결정을 내리지 못할 때는 동전을 던져 앞뒷면으로 결정해보세요. 서너 가지의 가능성 중에서 결정을 내리지 못하면, 사다리를 그려서 결정해보고요. 대여섯 개의 가능성 중에서 결정을 내리지 못한다면, 주사위를 던져봅니다.

우리가 갈등하는 사안은 대체로 인생이 걸린 중요한 일까지는 아닌 경우가 대부분입니다. 이럴 때는 무엇보다 빨리 결정을 내리는 것이 중요합니다. 운에 맡기면 결과가 좋을 때도 있고 나쁠 때도 있지만, 그만큼 시간은 확실히 절약됩니다. 절약된 시간을 다 합쳐서 얻는 이익이, 운이 나쁠 때 입는 손해보다 더 크면 되는 것 아닐까요?

만약 운에 맡기기 어려운 중요한 문제일 경우에는 손익계산표를 만드는 것도 도움이 됩니다.

"김 대리는 책상 정리 좀 해. 여자가 단정치 못하게."

아침부터 회사 상사로부터 이런 말을 들었습니다. 책상 정리를 하라는 말이야 그렇다 쳐도 여자 운운하는 말은 너무 불쾌했습니다. 그러나 이 말을 분명하게 짚고 넘어가야 할지, 그냥 조용히 있어야 할지 고민입니다. 이럴 때는 따끔하게 한마디를 했을 때의 이익과 손해, 참고 지나갔을 때의 이익과 손해를 일단 표로 만들어 정리합니다. 이익은 1점~10점 중에서 선택해 기록하고, 이익을 모두 합친 점수에서 손해를 모두 합친 점수를 뺍니다. 그래서 점수가 높은 쪽으로 결정합니다.

구분	따끔하게 얘기한다	참고 넘긴다
이익	• 속이 시원하다(10점) • 다시는 안 그럴 것이다(3점)	• 문제를 키우지 않는다(7점) • 저절로 잊어먹는다(2점)
손해	• 보복을 당할 수 있다(10점) • 사람들이 나를 따돌릴 수 있다(3점)	• 가슴이 답답하다(7점) • 나를 계속 무시할 것이다(8점)
총점	13 – 13 = 0	9 – 15 = –6

따끔하게 얘기한다고 해서 꼭 좋은 것은 아닙니다. 이익에서 손해를 빼면 어차피 0이니 말이죠. 하지만 그냥 참고 넘길 때는 –6의 손해가 발생합니다. 따라서 이 상황에서는 그냥 참는 것보다는 뭐라고 한마디라도 하는 것이 이익이 될 수 있습니다.

좋은 것과 나쁜 것 사이에서 갈등할 때는 좋은 쪽을 선택하면 됩니다. 그런데 이렇게 해도 문제가 발생하고 저렇게 해도 문제가 발생할 때 우리는 고민합니다. 다시 말해, 더 나쁜 것과 덜 나쁜 것 사이에서 갈등할 때 우리는 괴롭습니다.

그럴 때는 그 어느 쪽도 선택하고 싶지 않아져, 결국 아무것도 결정하지 못하고 우물쭈물하게 됩니다. 이럴 때는 덜 나쁜 쪽으로 선택해야 하는 것입니다. 위의 표를 각자 여러분의 상황에 맞게 활용해보시면 갈등의 순간에 큰 도움이 될 것입니다.

갈등을 감당하는 능력

때로는 선택하지 않는 것이 최선의 선택이 되는 경우도 있습니다. 어느 한 쪽을 선택하지 않고 이랬다저랬다 하며 버티다 보면, 정신력이 강해지기 때문입니다.

이것은 아주 중요한 문제입니다. 우리가 게으름에서 벗어나 목표를 달성하기 위해서는 성공 후에 실패를 피하고 실패 후에 성공을 일구어내기 위해 모순을 관리하고 버티는 힘 자체를 키워야 합니다. 즉, 갈등을 견딜 수 있는 힘을 키워야 합니다. 갈등 상황을 버티고 시간을 끌다 보면, 내가 원하건 원치 않건 상황이 갈등을 종결짓는 경우도 많습니다.

같은 맥락에서 보면, 갈등이란 감정도 나름대로 참 쓸모가 있습니다. 갈등은 우리로 하여금 '생각'을 하게 만듭니다. 지나치게 완벽하게 자기 관리를 하는 분들 계시죠? 이들은 라면, 과자, 햄버거 같은 몸에 좋지 않은 음식은 절대 안 먹고, TV 시청도 게임도 하지 않습니다. 외국어 공부는 늘 하나쯤 하고 있고, 운동 수업도 하나, 악기 수업도 하나씩 받습니다. 어느 날, 아이가 툴툴대며 불평을 늘어놓습니다.

"아빠, 주말에 영어 학원 가지 말고 우리랑 같이 놀이공원 가면 안 돼?"

갈등이 찾아옵니다. 자기 생활 패턴을 깨뜨리고 싶진 않은데, 아이의 부탁을 외면하기도 어렵습니다. '영어 학원에 갈까, 아이와 놀이공원에 갈까' 하는 갈등 때문에 평소 완벽하게 흘러가던 생활 리듬이 흔들리는 것만 같습니다. 그러다 앞으로도 계속 주말에 공부를 못 하는 건 아닐까, 사람들보다 뒤떨어지는 건 아닐까 하는 걱정도 듭니다.

이런 갈등이 고민으로 연결되는 것은 지극히 정상입니다. 나의 자기계발도 좋지만 아이와 보낼 수 있는 시간은 어디까지나

정해져 있습니다. 지금껏 자기계발에만 신경을 써 왔다면 가족과도 시간을 보내며 나와 일, 가족 사이의 균형점을 찾으려는 노력이 필요한 시기가 마침내 찾아온 것입니다. 이런 갈등과 뒤이은 고민으로 인해 해야 할 일을 놓치고 잠시 게으름뱅이가 됐다 해도 그건 결코 나쁜 징후가 아닙니다. 이런 식의 게으름은 오래가지 않기 때문이죠.

하지만 '자기계발 콤플렉스'에 사로잡힌 이들은 갈등하고 싶지 않습니다. 그래서 아이가 아무리 부탁을 해도 갈등을 회피하기 위해 아이의 이야기를 애써 무시해버립니다. 이런 사람은 아예 갈등할 능력이 없는 인간으로, 맹목적으로 행동함으로써 갈등을 회피하려는 것입니다. 그러면서 스스로 갈등을 극복했다고 착각을 하는 것이죠.

갈등을 해결하는 근본적인 방법은 욕망을 포기하는 것도, 행위를 중단하는 것도 아닙니다. 갈등을 감당할 수 있는 능력을 키우는 것입니다.

아픈 만큼 성숙해진다는 말은 정말 맞는 말입니다. 아픔을 겪으며 점점 성숙해지고 나면, 과거에 갈등을 불러일으키던 문제들이 더 이상 갈등을 만들어내지 않는 걸 발견하게 됩니다. 이 단계에까지 이르려면 기회가 왔을 때 갈등을 회피하려 하지 말고 충분히 고민해야 합니다. 그렇게 해서 갈등 자체를 감당하는 맷집을 키워야 합니다. 물론 여기에는 시간이 필요합니다. 이로 인해 스스로 게을러졌다고 자책할 필요 없습니다.

게으름과 헤어지는 법

- 갈등이 너무 오래 지속되면 이것을 끝낼 간단한 규칙을 만들어보세요. 사다리 타기, 주사위 던지기 등 아무것이라도 좋습니다.
- 그 갈등이 운에 맡길 수준의 문제가 아니라면 손익계산표를 만들어 선택에 따른 결과를 정확하게 따져봅니다.
- 궁극적으로는 갈등을 감당할 수 있는 능력을 키워야 합니다. 갈등이 나를 찾아왔을 때 충분히 많이 고민하면서 이에 따른 중압감과 스트레스를 견디는 힘을 길러보세요.

다들 내 마음 같지 않네요

: 너무 센 고집

누가 봐도 정말 부지런한 사람이 있습니다. 어떤 일을 하든 열정적으로 뛰어들며 다 함께 무언가를 할 때에도 뒤로 빼는 일 없이 주도적으로 나섭니다. 자기 관리도 투철하죠.

그런데 이 철두철미한 사람은 자기주장이 좀 강합니다. 어느 날부터인가 친구들은 "쟤, 너무 고집 세지 않아? 맨날 자기만 옳은 줄 알아"라며 수군수군댑니다. 그는 이해할 수 없었죠. 왜 사람들이 자기 말을 더 이상 그대로 따르지 않는지. 내가 이렇게 모두를 위해 노력하고 있는데, 어째서 인정해주지 않는 건지. 대체 내가 무엇을 잘못한 건지.

'그래, 나 혼자 이렇게 열심히 해봐야 아무 짝에도 소용없어.

아무도 알아주지 않는데 열심히 해서 뭐해?'

언제부턴인가 그가 이상해졌다는 소문이 돕니다. 게을러졌다는 겁니다. 친구들은 이번엔 이렇게 수군댑니다.

"이번에 조 과제 할 때도 아무것도 안 하더라니까. 그렇게 설쳐대더니 나가떨어졌지, 뭐."

자율성이 너무 높아도 문제

심리 검사에는 '자율성'이란 항목이 있습니다. 자율성이 강한 사람에게는 대부분 다음과 같은 특성이 있습니다.

- 자기가 옳다고 생각하는 것을 포기하지 않고 밀고 나간다.
- 일이 잘못되면 자신이 잘못한 건 없는지, 자신에게 부족한 점은 없는지부터 살핀다.
- 자기 자신을 수용할 줄 안다.
- 목적의식이 강하다.

반대로 자율성이 약한 사람들에게는 대부분 다음과 같은 특성이 있습니다.

- 부모, 친구, 배우자 등 타인이 하는 대로 살아간다.
- 무언가 일이 잘못되면 외부에서 원인을 찾는다.
- 자기 자신에 대한 불만이 강하다.
- 목적의식이 약하다.

'자율성이 낮다'는 말은 달리 표현하면 '정체성이 희미하다'라고 할 수 있습니다. 그렇다면 '자율성이 높다'는 말은 꼭 '정체성이 명확하다'는 의미일까요? 의외로 그렇지가 않습니다. 어느 정도 자율성이 높은 사람은 정체성이 명확한 게 맞지만, 자율성이 매우 높은 사람은 '정체성이 경직되어 있다'는 쪽에 가깝습니다. 한마디로 고집이 너무 센 것입니다.

때로는 남들이 하는 대로 따라가야 할 때도 있습니다. 세상이 변하면 나도 따라 변해야 합니다. 그런데 자율성이 강한 이들은 자기 고집을 버리지 못합니다. 고집을 버리지 못하고 남들과 맞서고, 세상과 맞서다 보면 인생이 피곤해집니다. 결국 한때 자신의 목표를 향해 부지런히 움직이던 이가 아무것도 하기 싫다는 생각, 즉 무기력함에 빠져버립니다. 전반적으로 자율성이 약한

황소같은 고집을 다스리지 못하면
게을러질 수밖에 없지!
싫어, 내 맘대로 할거야!

이들보다는 강한 이들이 더 부지런한 것은 맞지만, 자율성이 지나치게 강한 이들은 고집이라는 심리적 장애물을 제거하지 않으면 게을러질 수밖에 없는 것입니다.

정체성의 4가지 상태

정체성에 대한 이야기를 조금 더 이어가보겠습니다.

정체성 하면 떠오르는 이는 누가 뭐라 해도 에릭슨Erik Homburger Erikson입니다. 에릭슨은 태어나면서부터 죽을 때까지의 인생을 유아기, 소년기, 청소년기, 성인기, 중년기, 장년기, 노년기로 구분하고 각 단계마다 해결해야 하는 문제가 있다고 가정했습니다. 그 문제는 위기의 형태로 다가오는데요. 그것을 잘 해결하면 자신의 인생에 만족하고 그것을 해결하지 못하면 인생에 대해 불안을 느끼고 때로 절망합니다.

정체성 이론을 발전시킨 제임스 마샤James Marcia는 한 인간의 정체성 상태를 파악하려면 당사자가 지금을 정체성의 위기라고 생각하는지 아닌지, 그 위기를 극복하기 위한 방법을 결정했는지 결정하지 못했는지가 중요하다고 생각했습니다.

	위기 유무	
결정 유무	위기 경험	위기 없음
결정 내림	정체성 결단	정체성 폐쇄
결정 못 함	정체성 모색	정체성 희미

이러한 내용을 바탕으로 지금부터는 몇몇 정체성 상태를 구분해 살펴보겠습니다.

정체성 폐쇄

정체성의 위기를 전혀 느끼지 못한 사람은 어려서부터 학교에서 시키는 대로 공부도 열심히 하고, 부모님 말씀만 잘 들으면 된다고 생각합니다. 그렇게 해서 성적이 어느 정도 잘 나오고 어른들의 칭찬을 받으며 살다 보면, '나는 누구인가' '어떻게 사는 것이 올바른 것인가' 하는 인생의 근본적인 고민을 할 기회가 없겠죠. 그렇게 무난하게 살다가 나이가 들어 취직을 하면 직장에서 시키는 일을 하고, 결혼을 하면 배우자가 하자는 대로 살기 때문에 '내가 이렇게 하기로 했다' 하는 결심을 할 일이 없습니다.

이것이 꼭 문제 있는 삶일까요? 사실 그렇진 않습니다. 세상을 살아가는 사람들 중 상당수가 이렇게 살며 만족해합니다. 어떻게 사는 삶이 올바른지 고민하고, 스스로 자기 삶의 방향을 탐색하며 그곳을 향해 나아가는 사람은 극소수에 불과합니다. 하다못해 결혼 역시도 드라마나 영화에 나오는 것처럼 엄청난 자기 확신을 가지고 하는 사람은 드뭅니다. 대부분의 사람들은 주어진 대로 살기 때문에 위기감도 없습니다. 정체성에 대해서도 고민할 필요가 없습니다. 이런 상태를 '정체성 폐쇄'라고 부릅니다.

정체성 폐쇄 상태인 이들은 겉으로 보기엔 부지런합니다. 길이 정해져 있으니 앞으로 나아가기만 하면 되는 거죠. 그러나 이런 분들이 성인이 되어 뒤늦게 위기에 처하면 어떻게 될까요? 아마 새로운 방향을 모색하는 데 큰 어려움을 겪을 겁니다. 어쩔 줄 몰라 허둥대다가 그냥 과거에 하던 대로 하면 된다고 고집을 부릴지도 모릅니다.

정체성 희미

어떤 사람은 정체성 위기에 처해 있으면서도 그것을 위기로 인식하지 못하곤 합니다. 학생 시절 나름대로 공부를 잘하긴 하지만, 성적이 본인이나 부모의 기대에 못 미쳐서 괴로워하는 친구들이 있습니다. 이 친구들은 아무리 애를 써도 성적이 더 올라

가지 않으면, 지쳐서 공부를 외면하게 됩니다. 커서도 마찬가지죠. 부모님의 기대를 저버릴 순 없으니 계속 노력하는 척하긴 하지만, 지켜보는 사람이 없을 때는 친구들과 어울리기도 하고 게임도 하고 술도 마시면서 별 의미 없이 살아갑니다.

'뭐, 어떻게든 되겠지.'

이런 생각을 하며 되는 대로 삽니다. 그렇다고 삶이 만족스러운 것도 아니어서 괜히 답답하고 짜증나고 딱히 마음에 드는 것도 없습니다. 이런 경우를 '정체성 희미'라고 합니다.

정체성 희미 상태가 되면 당장의 쾌락과 즐거움이 삶을 살아가는 유일한 목표가 됩니다. 즐거운 것은 신이 나서 하지만, 하기 싫고 어려운 일은 하지 않죠. 전형적인 '게으른 인간'이라 할 수 있습니다.

정체성 모색

앞서 언급한 정체성 폐쇄 상태에서는 객관적으로 곤란한 상황에 부닥치더라도 그것이 주관적인 불안을 불러일으키지는 않습니다. 부모님이 원하는 대학에 가기로 마음먹었는데 입학에 실패했다고 해볼게요. 이것은 객관적으로 봤을 때 분명히 '시련'입니다. 하지만 부모님이 원하는 대로 사는 것이 목표인 사람이라면 부모님의 뜻에 따라 재수를 하기로 하고 또다시 노력을 다하면 그뿐입니다.

그렇지 않은 경우, 그러니까 보다 근본적인 고민에 부닥치게 된다면 이야기는 달라집니다.

'부모님 뜻대로 사는 것이 과연 올바른 길일까?'

이런 생각을 하는 사람에게는 대학 입학 실패가 '객관적 고민'인 동시에 '주관적 고민'이 되는 겁니다. 대학 입시뿐 아니라 그것이 공무원 시험 준비든 자격증 취득이든 상황은 비슷합니다.

어떻게 살아야만 할지를 고민하기 시작하면 이제 부모님이 아닌 친구들과도 이런저런 의견을 나누게 됩니다. 그러다 여기저기(그것이 취미를 위한 동호회일 수도, 새로운 스터디 모임일 수도 있습니다)를 기웃거리며 과거에는 나와 다르다고 느끼며 거리를 두었던 이들과도 조금씩 가까워지면서 다른 삶에 접근합니다. 이것이 바로 '정체성 모색'입니다.

정체성 모색 상태에 접어든 이들은 사람을 만나면서뿐 아니라 다양한 종류의 책도 읽어보고 영화도 보면서, 고민하고 또 고민합니다. 이 상태에서는 문제를 정확히 인지하고 있기 때문에 나름대로 그것을 해결하고자 열심히 살아가는데요. 주위에서는 쓸데없는 짓을 하는 것으로 오해를 하기도 합니다. 그런 오해와 질책을 받다 보면 '아, 내가 정말 게으른 건가?' 하는 생각에 자책감에 시달리기도 합니다. 실제로 마음을 다쳐 정말 게을러질 수도 있습니다. 하지만 주위의 말에 흔들리지 않으면 결국 다시 자신의 정체성을 세우고 이전보다 더 의미 있는 인생을 살아가게 됩니다.

정체성 결단

'정체성 결단'은 삶의 위기를 감지한 후, 스스로 그 위기를 어떻게 극복할지를 고민 끝에 결정한 상태입니다. 대부분의 10대들은 중·고등학교 때까지 정체성 폐쇄, 정체성 희미, 정체성 모색의 상태에 속해 있습니다. 물론 20대가 되어서도 같은 상태로 살아가는 이들이 적지 않습니다.

그런데 간혹 이 시기에도 단호하게 정체성 결단을 내리는 이들이 있습니다. 그 방향이 부모가 바라는 대로 정신 차리고 열심히 공부해서 고시 패스를 하거나 대기업에 입사하는 쪽인 경우도 있지만, 그 반대일 때도 있죠. 예전에는 고등학교 때까지 부모님 말씀 잘 듣고 너무나 순종적이던 아이가 대학에 가고 나서 운동권 학생이 되어 집에도 안 들어오는 경우가 종종 있었습니다. 부모가 원하는 바와는 전혀 다르지만, 어쨌든 정체성 결단이 이루어진 셈입니다.

정체성 폐쇄를 경계하자

인생을 살면서 한 인간은 정체성 결단, 정체성 모색, 정체성 폐쇄, 정체성 희미를 번갈아 경험합니다. 그런데 정체성 결단도 시간이 지나 동조자들만 많이 만나게 되면 결과적으로 정체성 폐쇄로 이어집니다. 정체성 폐쇄 상태에 빠진 사람은 아집에 사로잡힙니다.

세상은 바뀌어 가는데, 다른 사람들은 다 아니라고 하는데, 나 혼자 버틴다고 제대로 해낼 수 있는 일이 과연 있을까요? 당연히 없죠. 이런 당연한 사실을 외면한 채 고집을 부리는 이들은 자신의 문제는 생각지 않고 괴로워하다 결국 '다 귀찮아' 하며 게으름에 빠져버립니다.

우리는 흔히 한번 목표를 정하고 나면 끝까지 포기하지 않는 이들을 영웅시하는 경향이 있습니다. 그들의 끈기를 칭송하면서 말이죠. 하지만 과연 그럴까요?

아무리 열심히 달려간다 해도 결승선으로 가는 방향을 잘못 알고 있다면, 그것만큼 어리석은 일이 또 있을까요? 누군가가 "당신, 지금 잘못 뛰고 있어요!"라고 말을 해주었을 때 이것을 귓등으로 흘리고 더욱더 속도를 높이는 데만 신경을 쓴다면, 이것을 과연 '부지런하다'고 말할 수 있을까요?

심리학에서는 무언가를 한번 정하면 절대 바꾸지 않으려는 이들을 '판단형judgement type'이라고 합니다. 반면 상황에 맞춰 변화를 주는 이들을 '인식형perception type'이라고 하죠. 판단형은 인식형들을 '줏대가 없다'느니, '이랬다저랬다 한다'느니, '게으르다'느니 하며 비난하곤 합니다. 하지만 잘못된 방향으로 달려가다 결승선을 통과하기는커녕 낭떠러지로 떨어지느니, 차라리 좀 줏대 없고 게으른 편이 낫습니다.

문제는 자신이 잘못된 방향으로 달려가고 있다는 걸 스스로 깨닫기가 쉽지 않다는 데 있습니다. 그런 점에서 때로는 실패가 필요하기도 합니다. 과거, 일본의 어떤 장수가 처음으로 전투에 나서 100퍼센트 완벽한 승리를 거둔 적이 있습니다. 그런데 영주의 표정이 밝지 않았습니다. 왜 그런지 주위에 있는 다른 부하가 묻자, 영주는 다음과 같이 말했습니다.

"생전 처음 전투에 나서서 완벽한 승리를 거두었다면, 자만심 때문에 다음에는 큰 패배를 당하게 되어 있다."

아니나 다를까, 그 장수는 다음 전투에서 완패를 당해 처벌을 받게 되었습니다.

그 일이 있고 나서 부하들은 영주에게 전투에서는 과연 어느 정도의 승리를 거두는 것이 바람직한지 묻습니다. 그러자 영주는 70퍼센트도 좋지 않고, 60퍼센트 정도의 힘든 승리를 거둘 때 긴장을 늦추지 않는다고 했습니다. 성공과 실패는 엇갈려 나타날 수밖에 없으며, 중간에 적당한 실패가 있어야 무엇이 문제이고 어떻게 해결해야 하는지를 고민할 수 있다는 것입니다.

그렇다고 마냥 실패에만 기댈 수는 없습니다. 내가 정체성 폐쇄에 빠진 것은 아닌지, 너무 고집을 부려 일이 잘 풀리지 않은 것이고 그에 따라 이렇게 무기력증에 빠진 건 아닌지 의심된다면, 스스로 내가 가는 방향이 옳은지를 한 번쯤 따져봐야 합니다.

이를 혼자서 객관적으로 파악하기는 쉬운 일이 아닙니다. 이럴 때는 믿을 만한 지인에게 도움을 청해보세요. 나와 이해관계에 놓여 있지 않은, 나의 눈치를 보지 않고 정직하게 충고를 해줄 수 있는 지인에게 내 문제가 무엇인지 허심탄회하게 짚어달라고 해보는 겁니다.

이야기를 충분히 들었다면, 그 문제를 해결하는 방법을 고민해봐야 합니다. 그러고 나서 다시 올바른 방향을 설정한 후 달려도 늦지 않습니다. 궁극적으로는 그것이 정말 빨리 가는 법, 게으름에 빠지지 않는 법입니다.

게으름과 헤어지는 법

- '줏대 있다' '자기중심이 확실하다'는 평가를 받고 있다면, 자신이 너무 융통성 없는 것은 아닌지 돌아볼 필요가 있어요.
- 나의 실패 원인을 객관적으로 보기 어려운 것 같으면 쓴소리를 마다 않는 지인에게 한번 의견을 물어보세요. 내 문제를 좀 더 객관적인 시각에서 확인할 필요가 있으니까요.
- 무엇보다 남의 의견을 귀담아 듣는 연습을 할 필요가 있어요. 남의 의견을 듣고 나서 이것이 아니라는 생각이 들더라도 곧바로 반박 의견을 내기보다는, 일단 메모해둔 다음 충분히 고민해보고 나서 입장을 정하는 과정을 거쳐보세요.

갑자기 나른한 상태가 됐어요

: 목표 이후의 나태함

우리는 살면서 인생 단계, 단계마다 그에 따른 목표를 갖게 됩니다. 물론 모든 목표를 다 완벽하게 달성해내지는 못합니다. 그래도 어쨌든 인생은 또 그 나름대로 흘러가게 되어 있죠. 문제는 이 목표를 이루고 난 후 혹은 이루지 못한 후, 어떤 이유에서든 게을러지는 순간이 찾아온다는 것입니다.

보통 우리가 인생에서 처음으로 갖게 되는 목표는 '대학 진학'인 경우가 많습니다. 그러다 대학 입시를 마치고 나면 더 이상 그 목표는 유효하지 않게 되죠. 이럴 경우 '첫 번째 목표를 이뤘으니 다음을 향해 더 열심히 달려가야지'라고 생각하는 사람도 있지만, 대부분은 나태해지게 마련입니다.

우리가 나태해지는 순간

물론 대학에 들어가거나 입시 실패 후 다른 길을 찾는다고 해서 끝이 아닙니다. 인생은 어쩌면 도전과 나태의 연속일지도 모릅니다. 대학 졸업을 앞두게 되면 취업을 할지, 대학원 진학을 할지, 시험 준비를 할지 계획을 세우고 그것을 달성하기 위해 달립니다. 그것을 달성하고 나면 또 나태해졌다가 내 집 마련이란 계획을 세웁니다. 또 열심히 달립니다. 집을 삽니다. 다시 나태해집니다.

목표를 세우고, 목표를 이루고, 목표를 잃고……. 이런 과정의 중간 중간 생기는 일시적인 나태함은 사실 큰 문제가 안 됩니다. 그것은 어쩌면 나태함이라기보다 나른함에 더 가까울지도 모르죠. '승리를 만끽하며 즐기는 여유' 정도의 의미라고나 할까요.

문제는 어느 순간 '현상 유지'가 목표가 되었을 때입니다. 물론 의식적으로 이런 목표를 세우는 사람은 드뭅니다. 하지만 스스로는 그렇지 않다고 말하면서도 실은 무의식중에 '그냥 지금 상태에 머무르고 싶다'는 마음을 갖게 되는 경우가 정말 많습니다. 그렇다 보니 무언가 계획을 세우고 실행을 하려 하다가도 그냥 흐지부지되는 것입니다.

남자친구와 결혼을 하게 됐습니다. 간소하게 한다고 했지만 신경 써야 할 것이 한두 가지가 아닙니다. 하나하나 해야 할 일들을 적어두고 부지런히 순서를 정해 완수해나가기 시작합니다. 그렇게 모든 과정을 끝내고 나자 속이 다 후련합니다.

'이제 중요한 일은 다 했으니, 지금부터는 다이어트나 해볼까? 결혼식 때 예쁘게 드레스를 입으려면 살을 좀 빼야겠지?'

독하게 빼겠다고 결심하지만, 그런 결심이 무색하게도 며칠 지나지 않아 야식을 먹고 있습니다. 사실 따지고 보면 살이 쪄서 대단히 문제가 되는 일은 없습니다. 드레스가 안 맞는 것도 아니고, 남자친구도 나를 보고 예쁘다고 해줍니다. 나의 내면에는 변화에 대한 열망보다 맛있는 것 실컷 먹고 편하게 지내고 싶은 열망이 더 큰 것입니다.

스스로 나태해지고 있다는 생각이 든다면, 더 나아지려는 욕심보다는 지금 이대로의 생활을 유지하고 싶어 하는 마음이 더 큰 것은 아닌지 나의 무의식을 한번 들여다보세요. 그럴지도 모른다는 생각이 든다면, 다음과 같은 관점에서 상황을 바라보았으면 합니다.

우리 인생에서는 과거, 현재, 미래가 서로 상호작용을 합니다. 현재는 언젠가 과거가 되고, 미래는 언젠가 현재가 됩니다. 그런데 매일 매일 주어진 일을 하며 살다 보면, 현재에 매몰되어 살아가게 마련입니다. 새로운 목표를 생각할 여유조차 없죠. 심지어 나에게 일을 맡기는 이들은 현재의 나로부터 최대한의 에너지를 빼내려고 할 뿐, 나의 발전에는 그다지 관심조차 없는 경우가 많습니다.

이런 이유로 우리 인생은 속도 제한에 걸린 것처럼 속도를 더 내도 될 만한 구간에 들어섰을 때조차 일정 속도를 유지하면서 굴러가려고만 합니다. 그때 우리는 나태해지고 게을러지는 것입니다.

인생의 속도 제한을 풀기 위해서는 새로운 목표가 필요합니다. 따라서 미래를 준비하는 데 우리 인생의 일정 시간을 할애해야 합니다. 미래를 위해 시간을 할애하려면 현재의 시간을 쓰는 수밖에 없습니다. 당장은 현재의 시간을 쓰는 것이 손해가 될 수도 있지만, 그런 제3의 목표, 제4의 목표가 없으면 인생은 계속 제자리걸음을 할 수밖에 없다는 사실을 명심해야 합니다. '제자리걸음에서 벗어나지 못했을 때 내 인생에 어떤 일이 닥칠 것인지' '더 나아진다는 것'이 어떤 의미인지' '그것이 나에게 어떤 점에서 더 좋은지'를 분명하고 구체적으로 떠올리고 늘 중요한 결정을 할 때마다 떠올릴 수 있어야 합니다.

인생의 속도 제한을 피하려면

그런데 왜 인생에는 속도 제한이 발생하는 걸까요?

우리가 미래를 대비하기 위해 공부를 하고 자기계발을 하는 데는 두 가지 요인이 작용합니다. 바로 '불안'과 '욕망'인데요. '대학에 떨어지면 어쩌지?' '취직이 안 되면 뭐하지?' '시험을 못 보면 어떡하지?' 하는 마음으로 공부를 하는 사람의 주된 추진력, 즉 공부의 동기는 불안입니다. 이 경우, 목표에 도달해 불안이 사라지면 더는 노력하지 않게 됩니다. 목표를 포기해도 마찬가지죠. 인생에 속도 제한이 걸려버리는 것입니다.

욕망이 주된 동기인 이들은 이와 달리 계속해서 성공하려고 합니다. 목표를 달성할 때까지 열심히 하는 것은 물론, 그 이후에도 새로운 목표를 세우고 잠시 숨을 고른 후 또 맹렬하게 달려갑니다.

불안이 주된 동기인 이들이 억지로 노력해서 욕망을 불러일으킬 수 있을까요? 육식동물이 초식동물이 될 수 없고 초식동물이 육식동물이 될 수 없듯이, 욕망쟁이가 억지로 노력해서 불안쟁이가 될 수 없고 불안쟁이가 억지로 노력해서 욕망쟁이가 될 수는 없는 노릇입니다. 그렇다면 불안쟁이가 게으름에서 벗어나려면,

어떻게 해야 하는 걸까요?

우선 이들은 '부지런하다'의 정의를 바꿔야 합니다. 불안쟁이들은 욕망쟁이를 따라 할 수도, 따라 해서도 안 됩니다. 간혹 하던 일을 다 그만두고 공무원 시험을 준비하기로 했다거나 유학을 가기로 했다고 하는 분들 중에 친구도 만나지 않고 죽어라 공부만 하는 분들이 있습니다. 하던 일을 그만두고 중대 결심을 했으니 잘 안 되면 어쩌나 불안감이 클 겁니다. 공부할 시간도 모자란데 친구 만날 시간이 어디 있느냐는 겁니다.

하지만 이들은 생각만큼 제대로 충분히 공부하지 못합니다. 불안감에 집중이 잘 안 돼 어영부영 시간만 때우다 하루를 보내기 일쑤입니다.

차라리 어느 정도 일도 하고 사람도 만나는 등 평범한 일상생활을 영위해가면서 공부를 하는 편이 훨씬 낫습니다. 죽어라 공부만 해야지, 죽어라 일만 해야지, 이런 자세로 나아가다 보면 오히려 인생의 속도 제한에 걸리기 딱 좋은 마음상태가 됩니다.

한편으로는 인생 목표를 넓혀보려는 노력이 필요합니다. 심리학에 조금이라도 관심이 있는 분들이라면, 에이브러햄 매슬로Abraham H. Maslow의 욕구 5단계 이론에 대해 한 번쯤 들어보셨을 겁니다. 간단히 정리하면 다음과 같죠.

- 1단계 생리적 욕구Physiological Needs
- 2단계 안전의 욕구Safety Needs
- 3단계 사회적 욕구Social Needs
- 4단계 자존감의 욕구Self Needs
- 5단계 자아실현의 욕구Self Actualization

저는 어릴 적 이 매슬로의 욕구 5단계 이론에 대한 책을 읽으며, 무조건 5단계 자아실현의 욕구를 달성하고 절정 경험Peak Experience을 갖는 것이 좋다고 생각했습니다. 하지만 점차 나이가 들면서 '내가 매슬로를 오해했던 건 아닐까' 하는 생각을 갖게 됐어요.

나의 현실이 하루하루 먹고살기도 힘들고 헤쳐 나가야만 하는 고난으로 가득할 때 절정 경험에 집착하며 현실을 회피한다면 그것은 미성숙한 태도일 것입니다. 내가 경제적으로 안정되어 있고 여가 시간도 충분한데, 계속 불안감에 떨며 돈을 모으려고 아등바등대거나 어떻게 하면 유명해져서 주위로부터 인정받을지에만 집착한다면 그것도 올바른 모습은 아닐 겁니다.

결국 저는 자신이 처한 현실 속에서 최선을 다해 안전을 확보하고, 안전을 확보한 다음에는 단지 살아간다는 것 이상의 삶

언제나 그랬듯이
야식먹기 승!

의 목표를 위해 노력하는 것이 중요하지 않을까 하는 생각을 하게 됐습니다. 매슬로는 우리가 처한 경제적·사회적·생물학적 환경에 따라 건강한 정신이 추구해야 하는 바가 다르다고 말하고자 한 게 아니었을까 싶어요.

우리 모두는 각자 처해 있는 환경이 다릅니다. 인생에서 우리가 추구하는 목표 역시 그에 따라 달라져야 합니다. 그래야지 목표 달성 혹은 미달성 후에 나타나는 나태함이란 장애를 극복할 수 있습니다. 남들과 똑같은 성공, 남들과 똑같은 모습을 추구할 필요가 없다는 것입니다.

게으름과 헤어지는 법

- 인생의 단계 단계를 지날 때마다 나타나는 나태함을 막으려면, 즐거운 마음으로 다음 목표를 세워야 합니다. 새로운 목표를 세우는 데 공을 들이는 것이 즐거운 이유는 좋은 미래를 상상할 수 있기 때문인데요. 이 시간을 충분히 갖는 것만으로 의지를 다질 수 있죠.
- 내가 세운 목표가 남을 의식한 것은 아닌지 항상 점검해보세요. 내 환경과 상황에 알맞은 나만의 목표를 세워야 자발적으로 움직일 수 있답니다.

잠이 최고다

흔히 잠을 많이 자는 사람을 보고 게으르다고들 말합니다. 그래서인지 "전 왜 이렇게 많이 자는 줄 모르겠어요. 게을러빠졌나봐요"라고 말하는 분들을 많이 만나게 됩니다.

하지만 이는 사실이 아닙니다. 잠을 많이 자는 데는 다 까닭이 있습니다.

우선 몸이 힘들면 많이 잘 수밖에 없습니다. 주말에 남편이 잠만 자면 아내는 남편이 너무 게으르다고 잔소리를 하지만, 사실 남편이 그 전날 술을 많이 마시고 들어왔다거나 어디 가서 신나게 노느라 밤을 새우고 들어온 게 아닌 이상 그런 구박을 하면 안 됩니다. 1주일간의 피로가 누적되어 있는 상태라 그 정도는 자주어야 몸이 회복될 수 있는 것입니다. 그래야 다시 일을 하러 나갈 수 있는 것이고요.

도저히 해결될 수 없는 골치 아픈 일이 있을 때도 잠이 많아집니다. 옆에서 보기에는 이 문제를 해결하기 위해 뭐라도 빨리 해야 할 것 같은데 잠이나 자고 있으니, 그 느긋한 태도가 한심하게 보일 수도 있습니다. 하지만 도저히 감당이 안 되어서 잠의 세계로 달아나야 할 정도의 문제라면 깨어 있다고 해서 해결될 수 있는 것이 아닙니다. 해결하려고 노력을 안 하는 것이 아니라 못 하는 것이죠.

이렇게 중요한 잠인데…

자, 이제 우리는 잠을 많이 자는 사람이 꼭 게으른 것은 아니라는 사실을 알았는데요. 한 가지 더, 잠에 관한 놀라운 사실이 있습니다. 바로 잠은 우리에게 에너지를 주고 골치 아픈 문제로부터 잠시 벗어나게 해주는 역할뿐 아니라 무언가를 학습하고 머릿속에 새기는 데도 커다란 역할을 한다는 점입니다.

우리는 잠을 자면서 해결해야 할 문제들을 재경험하곤 합니다. 일종의 '심상 트레이닝'이라고 할 수 있지요. 그렇기 때문에 잠을 자야 무언가가 기억에 제대로 남는 것입니다. 영어 공부를 하는 이들에게 자기 전에 꼭 영어 단어를 외우고 자라고 하는 이유도 이 때문입니다. 단어를 외우자마자 잠을 잤던 사람이 그렇지 않은 사람보다 잠에서 깬 후 훨씬 많은 양의 단어를 암기했다는 연구결과도 있습니다.

결국 잠을 많이 못 자면 공부한 내용을 더 많이 잊어버리기 때문에 게으름을 피운 것과 다름없는 결과를 불러오기도 합니다. 또한 잠이 부족하면 정신이 몽롱해져서 활발하게 활동을 할 수가 없어집니다. 당연히 게을러질 수밖에 없죠. 시험 기간마다 공부를 한답시고 도서관에서 밤을 새우는 학생들은 평소 꾸준히 시험을 준비하다 시험 기간에는 컨디션을 조절해가며 제대로 적당량의 수면을 취하는 학생보다 성적이 나쁠 수밖에 없습니다. 어디 그뿐일까요? 당연한 말이지만, 잠이 부족해서 좋을 건 세상에 하나도 없습니다.

이렇게 건강을 위해서도, 게으름과 작별하기 위해서도, 적당한 수면을 취하는 것은 무척 중요한 문제입니다.

그러나 최근 들어 불면증을 호소하는 분들이 점점 많아지고 있습니다. 업무 때문에 어쩔 수 없이 수면 시간이 불규칙한 분들도 그렇지만, 스트레스로 인해 '그냥' 잠들지 못하는 분들도 꽤 많아졌습니다. 이런 분들은 아예 밤새 잠을 못 자는 경우도 있지만 대체로 잠이 들었다가도 중간에 깬 다음 다시 잠을 이루지 못하거나 새벽녘이 되어서야 겨우 잠들었다가 한두 시간 정도 자고 알람 소리에 어쩔 수 없이 일어난다거나 하는, 무척이나 괴로운 패턴을 반복합니다.

이런 상태로는 공부를 하는 것도, 일을 하는 것도 사실상 불가능합니다. 처음 얼마간은 이를 악물고 버틸지 모르지만, 점점 학교에서나 직장에서 견딜 수 없이 머리가 아프고 정신이 몽롱해지는 걸 느낍니다. 꾸벅꾸벅 졸기도 하죠. 결국 선생님이나 직장상사에게 '게으른 인간'으로 찍히기 십상입니다.

일시적인 불면증에서 벗어나려면

불면증을 해결하지 않으면 평생 게으른 인간으로 살 수밖에 없는 건 자명한 이치입니다. 그러나 단지 수면제를 먹는 것만으로 문제가 완전히 해결된다고 볼 수 있을까요? 약을 먹을 정도는 아닌, 일시적인 형태의 불면증이라면 몇 가지 습관을 해결하는 것만으로 충분히 개선될 여지가 있습니다.

잠드는 시간보다 일어나는 시간을 관리해야 합니다

불면증이 생기면 아무리 일찍 누워도 잠이 잘 들지 않습니다. 수면 습관이 불규칙한 경우 혹은 야간 당직이 있는 교대 근무자의 경우, 잠드는 시간은 항상 늦은 시간을 따라가곤 해 괴로움을 겪습니다.

이유는 간단합니다. 우리 뇌 속에는 잠드는 시간에 대한 일종의 타이머가 있어서 늦은 시간에 몇 번 깨어 있게 되면 그 이후에도 늦은 시간까지 잠드는 데 어려움을 겪게 되는 것입니다. 또한 원래 우리 신체는 하루를 24시간이 아닌 24.8시간으로 인식하기 때문에, 수면 시간은 매일매일 뒤로 밀리게 되어 있습니다.

따라서 일정한 시간에 잠들기 위해 노력하기보다는 일정한 시간에 일어나는 데 초점을 맞추는 것이 낫습니다. 매일 새벽 4시에 잠이 들어 오후 1시에 일어나는 분이라면 일단 정오에는 일어나기 위해 노력해보세요. 그러다 보면 새벽 4시에 잠들던 습관이 새벽 3시 30분, 새벽 3시로 점점 앞당겨질 것입니다. 이는 불면증 인지 행동 치료에 있어 가장 기본이 되는 원칙입니다.

운동은 가볍게, 저녁식사는 꼭 해야 합니다.

운동을 많이 하면 몸이 피곤해져서 밤에 더 잘 잠들 수 있을 거라고 생각하기 쉽습니다. 물론 몸이 가벼운 피로를 느낄 정도의 적당히 운동을 하면 잠자는 데 도움이 됩니다. 그러나 너무 격렬한 운동을 할 경우, 오히려 근육에 무리가 가면서 잠이 안 오는 상태가 됩니다. 그런 점에서 저녁 식사 이후에는 걷기 운동 정도가 적당합니다.

흔히 다이어트와 운동을 병행하는 분들이 있는데요. 다이어트를 하면서 저녁을 굶는 경우, 배가 고파 잠이 오지 않을 때가 많습니다. 불면증이 있는 분들에게는 더더군다나 저녁을 굶는 것이 바람직하지 않습니다. 다이어트 측면에서 봐도 저녁을 굶는 게 크게 도움이 되지 않으니, 가능하면 최소한의 필요한 열량은 섭취하고 가벼운 운동을 한 다음 잠자리에 드는 게 좋습니다.

잠들기 전 혹은 잠자리에 누워 TV를 보지 마세요

불면증이 있으면 누워도 잠이 안 오기 때문에 TV를 보다가 잠들곤 합니다. 그런데 누워서 TV를 보다 보면 점점 잠드는 시간이 뒤로 늦춰집니다. 막상 재미있는 것이 없어도 계속 리모컨을 돌리게 되기 때문입니다. 그냥 TV만 켜놓고 멍하니 있으면 잠들 텐데 조금 지루해질만 하면 다른 채널로 돌리니, 잠이 살짝 들려고 했다가 깨는 일이 반복되는 것이죠. 나중에는 내가 무언가를 보려고 TV를 켜놓은 것인지 아니면 그냥 TV를 켜는 것이 일상이 되어버려 습관적으로 그렇게 해놓은 것인지 구분이 가질 않습니다.

TV가 있는데 켜지 않는 것은 어려운 일입니다. 그러므로 불면증이 있는 분들은 침실에서 아예 TV를 없애는 것이 바람직합니다. 간혹 그러고 나서 참지 못하고 거실에 나가 TV를 보다 잠드는 분들이 있는데, 이럴 경우 아예 집에서 TV를 없애는 것도 방법입니다.

술은 불면증의 최대 적입니다

술이라도 마셔야 겨우 잠이 드는데 술을 끊으라니, 당최 이해가 안 간다는 이들이 있습니다. 앞서 우울증이 생기면 잠이 잘 오지 않는다는 말씀을 드렸는데요. 이렇게 우울증의 증상 중 하나로 불면증이 왔다는 사실을 모른 채 술을 한 잔씩 마시고 잠드는 이들이 있습니다.

처음에는 한 잔만 마셔도 잠이 왔지만, 나중에는 한 잔만으로는 안 돼 두 잔, 세 잔으로 그 양을 늘립니다. 그러다 보면 한 병을 다 마셔도 불면증에 시달리게 되죠.

이분들은 수면제를 처방받은 이후, 술도 마시고 수면제도 복용하는 경향이 있습니다. 그럴 경우 처음에는 수면제가 효능을 발휘하지만 나중에는 효능을 발휘하지 못합니다. 그러다 보면 수면제 복용량이 점점 늘어나고…. 결국 악순환이 되는 것입니다.

따라서 우울증이건 불면증이건 알코올 중독이건, 일단 술을 끊어야만 합니다. 매일 술을 마시다가 갑자기 끊으면 일주일에서 열흘 사이는 금단 증상으로 인해 잠을 자지 못할 수도 있는데요. 그럴 경우 작용 시간이 긴 수면제를 복용하는 것이 도움이 됩니다.

지금까지의 내용에서도 드러났듯이, 사실 잠을 잘 자지 못하는 데는 '우울증'이라는 마음의 병이 원인인 경우가 많습니다. 그 외에도 불안, 분노, 짜증, 갈등 등이 충분한 수면을 방해하는 우리의 주요 감정들이죠. 이 부분을 해결해 숙면을 취하지 않으면 집중력이 떨어져 그 어느 것도 제대로 해내기 힘듭니다. 게으름을 해결하기 위해서는 좋은 잠을 자는 것이 그만큼 중요하다는 뜻입니다.

3장

선천적 '게을러너'에서 후천적 '부지러너'로

게으름과 작별한다는 것은
내 삶을 온전히 내 것으로 만든다는 뜻입니다.
이제 원치 않는 게으름에서 벗어나,
원하는 것을 마음껏 이뤄보세요.

지각의 굴레에서 벗어나라

게으름이 몸에 밴 사람들의 가장 큰 특징이 무엇일까요? 바로 '지각'입니다. 학생 시절 지각을 밥 먹듯이 했던 사람은 나중에 성인이 되어 취직을 해도 지각하던 버릇을 버리지 못합니다. 학교에서는 선생님께, 직장에서는 상사에게 늘 야단을 맞고 게으른 사람으로 찍히는 굴레를 벗지 못하죠. 이들은 늘 답답하다는 듯이 이렇게 말합니다.

"정말 나도 미치겠어요. 늦잠을 자는 날은 어쩔 수 없다고 쳐요. 그런데 일찍 일어나는 날도 이상하게 준비를 하다 보면 시간이 훌쩍 흘러가 있어요. 지각 안 하려고 나름대로 노력하는데 도저히 안 돼요."

지각이 그야말로 습관화된 것이죠.

그렇다면 지각이 학교나 직장에서만 문제가 될까요? 이들은 친구들과 만날 약속을 해도 제 시간에 오는 법이 없습니다. 친구들은 처음 한두 번은 이해해주지만, 이런 일이 반복되면 '아무리 친구 사이라도 이건 아니지 않나' 하는 생각과 함께 불쾌감을 가질 수 있죠. 지각은 이렇듯 학교생활, 사회생활은 물론 인간관계 전반에 악영향을 끼칠 수 있는 아주 나쁜 버릇입니다.

지각이야말로 게으름뱅이들의 대표적인 버릇인 만큼, 이것을 고치는 것은 게으름뱅이에서 벗어나기 위한 의미 있는 첫걸음이 될 것입니다.

의존적인 습성 고치기

지각하는 분들 중에는 늦잠 때문에 괴로워하는 분들이 많습니다. 그게 아니더라도 아침에 일어나는 데 문제를 겪는 분들이 대단히 많죠. 불면증 문제에 대해서라면 바로 앞부분에서 자세히 다뤘으니 다시 한 번 읽어보시기 바랍니다.

불면증 문제가 아니라, 단순히 매일 아침 일어나는 것 자체를 힘들어하는 분이라면 먼저 의존적인 습성을 고쳐야 합니다. 늦잠을 자는 이들 중에는 누가 깨워줘야 일어나는 습관을 가진 이들이 대단히 많습니다. 어릴 때는 그럴 수도 있겠지만, 중학생 정도부터는 스스로 일어나는 습관을 키워야 합니다. 계속해서 누군가에게 의지해 아침에 눈을 뜬다면, 그 사람은 늦잠을 자고 나서도 "엄마가 안 깨워줘서 또 늦었잖아!"라며 자신의 게으름을 남 탓으로 돌리게 될 것입니다.

아침에 알람을 꼭 켜두세요. 이때 알람을 끄고 또 잘 것 같다면 되도록 여러 개를 준비해 방 곳곳에 놓아두세요. 어떻게 해서든 일어나도록 세팅을 해두고, 어느 정도 자리가 잡히면 줄여나가도 됩니다.

물론 처음에는 쉽지 않을 겁니다. 어떤 때는 알람을 죄다 끄고 다시 잠자리로 돌아가 쿨쿨 자다가 더 심각하게 지각을 할 수도 있습니다. 하지만 그런 일을 겪음으로써 늦잠은 온전히 자기 책임이고, 지각으로 인한 결과 역시 모두 본인이 책임져야 하는 부분임을 확실히 깨닫게 될 것입니다. 그런 깨달음을 확실히 가지고 있어야 아무리 피곤하고 힘들어도 제 시간에 일어나는 습관이 자연스럽게 몸에 배게 될 것이고요.

아침 시간을 새롭게 조성하자

동물 서커스를 보신 적 있나요? 호랑이가 불을 통과하는 묘기를 보다 보면 신기하기 짝이 없습니다. 어릴 때 저는 호랑이가 대체 어떻게 그 복잡한 동작을 익히는 걸까 호기심이 생겼던 적이 있습니다. 처음부터 연속된 전체 동작을 익힌 후 점점 익숙해지는 건지, 아니면 동작을 하나하나 익혀가는 건지가 궁금했죠. 그러다 나중에 책을 보며 후자의 방식이 맞다는 사실을 알게 됐습니다.

사육사는 일단 호랑이에게 점프하는 것을 연습시킵니다. 그 다음에 원으로 이루어진 장애물을 넘는 것을 연습시키죠. 그러고 나서 멋지게 착지하는 것을 연습시킵니다. 이렇게 하나씩 충분히 개별 동작을 연습시킨 후 이 동작들이 하나의 동작으로 이어지도록 연습시키는데, 이러한 과정을 '조성shaping'이라고 합니다. 지각 문제를 해결하는 데도 바로 이런 조성 과정이 필요합니다.

게으름 피우는 이는 꾸물거립니다. 꾸물거리는 이는 해야 할 일을 안 하는 대신 다른 무언가를 합니다. 때문에 꾸물거리는 것을 해결하려면 행동을 하나씩, 하나씩 분석해야 합니다. 그 다음에 불필요한 단계를 줄이거나 해서 전체 과정이 효율적으로 진행

되도록 새롭게 '조성'해야 하는 것이죠.

상담을 하다 보면 아이가 아침에 유치원에 가야 하는데 늘 늑장을 부려 고민이라고 하는 어머니들이 많습니다. 그럼 저는 아침에 하는 일 가운데 어느 단계에서 아이가 늑장을 부리는지 파악해보자고 합니다. 아침에 TV를 보면서 꾸물거린다면 처음부터 TV를 아이에게 틀어주지 말아야 합니다. 옷 고르는 문제로 늑장을 부린다면 입을 옷을 그 전날 미리 정해놓으면 시간이 당겨질 것이고요. 아이의 밥 먹는 속도가 느리다면, 아침식사만큼은 아이가 좋아하는 음식을 먹기 편한 방식으로 만들어주어 속도를 내도록 유도해야 합니다. 그렇게 문제 단계를 하나씩 줄여가면 되죠. 아이에게 아무런 해결법을 제시하지 않고 부지런해지라고 야단만 치는 것은 전혀 소용없는 행동입니다.

어른들이 지각을 하는 이유도 마찬가지입니다. 아침에 출근 준비를 하는 시간을 줄여야 하죠. 이런 말을 하면 "정말 최대한 빨리 움직이는 거예요"라고 항변하는 분들이 있지만, 하나하나 따져 보면 시간을 잡아먹는 단계가 있게 마련입니다. 그렇게 줄일 수 있는 과정을 줄여나가면서 출근 준비 시간을 전반적으로 재조정해야 합니다.

이것이 잘 안 된다면 한번 기록을 해보세요.

오전 7시: 기상

~7시 20분: 세수하고 머리 감기

~7시 50분: 아침식사

~8시 10분: 양치, 옷 갈아입기, 면도하기 등 출근 준비

~8시 20분: 주가 확인 후 출근

이 가운데 어떤 과정을 줄여야 할까요? 먼저 반드시 아침에 머리를 감아야 하는 사람이 아니라면, 하루 전날 머리를 감고 자도 될 것입니다. 그리고 일어나자마자 식사를 한 다음 세수를 하고 양치를 하는 것이 흐름상 시간을 더 단축할 수 있을 것이고요. 주가 확인은 출근을 하면서, 만약 자가용으로 출근을 한다면 회사에 도착한 이후 잠깐 해도 괜찮을 겁니다.

자, 그럼 재조정한 일정표를 살펴볼까요?

오전 7시: 기상

~7시 30분: 아침식사

~7시 40분: 양치 및 세수하기, 면도하기

~8시: 옷 갈아입기 등 출근 준비

~8시: 출근

출근의 재구성

넉넉하게 잡아도 20분이나 단축됩니다. 안 될 것 같다고요? 한번 해보세요. 의외로 조금만 조정을 해도 시간이 꽤 많이 확보되니까요.

낙관적인 생각을 버릴 것

지각쟁이들은 대체로 너무 '낙관적'입니다. 사실 낙관적이라는 말은 좋게 포장한 말일 수도 있겠네요. 좀 더 직설적으로 말하면 지각쟁이들은 위험 요소에 대한 대비를 전혀 하지 않습니다.

출근을 하려면 집에서 버스 정거장까지 걸어가야 합니다. 버스 정거장에서는 버스를 기다려야 하는데요. 요새는 버스 도착시간이 공개되어 있어 대체로 여기에 맞출 수도 있지만, 출근 시간에는 차가 막히는 일이 흔해 이것이 제대로 지켜지지 않는 경우도 많습니다. 사고가 났거나 버스가 고장이 나서 더 늦을 수도 있는 일이고요. 버스가 회사 앞 정류장까지 가는 시간도 딱 일정하다고 말할 수는 없습니다.

지각하는 일이 없는 사람은 이런 변수들을 고려해 출근 시간을 잡습니다. 그러나 지각쟁이들은 집에서 버스 정류장까지 걸어가는 시간은 없는 셈치고, 버스 정거장에 가자마자 버스가 올 거라 가정하고, 버스가 회사 앞 정류장까지 가는 동안 길이 막히지 않을 거라 생각하고, 정류장에서 다시 회사까지 걸어가는 시간은 계산에 넣지 않습니다. 그러고는 왜 늦었냐는 상사의 질책에 이렇게 핑계를 댑니다.

"오늘 버스가 너무 늦게 와서요."

"오다가 사고가 나서 길이 너무 막혔어요."

같은 동네에 사는 다른 동료는 이미 나보다 훨씬 빨리 도착해 '또야?'라는 표정으로 이 사람을 쳐다봅니다.

정작 본인은 문제가 뭔지 모른 채 '왜 나는 아침마다 이렇게 재수가 없는 거야?'라고 생각하며 툴툴댈지 모릅니다. 그러나 다른 사람들은 '아침마다 재수가 없을 것'이라 가정하고 출근 시간을 계산합니다. 그만큼 여유 있게 출발한다는 거죠. 친구들과 만나기로 했을 때도 마찬가지이고요.

이런 습관에서 벗어나려면 처음부터 여유 시간을 최소한 30분은 염두에 두고 계산을 하세요. 그래야 각종 변수가 발생해도 제시간에 도착할 수 있습니다. 이때 30분은 아침에 조금 더 일찍 일어나는 것과 함께 앞서 소개한 불필요한 준비 시간을 줄여나감으로써 확보할 수 있습니다.

어떤 변화든 처음이 힘든 법입니다. 지각이 어느새 습관이 된 것처럼 제 시간에 도착하는 것 역시 어느새 습관으로 자리 잡을 수 있다는 확신을 가지셨으면 합니다.

게으름과 헤어지는 법

- 아침에 일어날 때는 알람을 켜두고 스스로 일어나세요. 아무리 걱정이 되어도 남의 도움 없이 스스로 일어나는 습관을 들여야 합니다.
- 나의 아침 시간에 하는 일들을 하나하나 따져본 후, 이 가운데 전날 할 수 있는 것은 빼고, 시간을 줄일 수 있도록 순서를 재배치합니다.
- 출근시간이나 약속시간을 정하면 최소한 여유 시간을 30분 정도 갖는 습관을 들입니다.

내 일상의 관리자가 되라

지각 문제를 해결했으면 이제 전반적인 생활에 눈을 돌릴 차례입니다. 보통 게으름은 어느 한 가지 구석에서만 나타나지 않습니다. 아침에 늦잠을 자기 일쑤인 사람이 과제를 제때 내지 못하는 경우가 많다거나, 회의시간마다 꼭 1분씩 늦게 들어오는 사람이 집에서는 분담하기로 한 집안일을 제대로 하지 못해 배우자가 한 번 더 신경을 써야 하는 경우가 많다거나 하는 식입니다. 한마디로, 게으른 사람 중에는 '자기관리를 스스로 못 하는 사람'이 많은 것입니다.

앞서 지각 이야기를 하면서 아침에 일어나는 것을 누군가에게 의존해선 안 된다는 말씀을 드렸는데요. 이는 게으름을 해결하는

데 있어 매우 핵심적인 부분입니다. 나의 게으름을 남의 탓으로 돌리지 않도록 하는 첫 번째 장치인 셈이거든요. 내 인생, 내 생활, 내 잘못의 결과를 온전히 스스로 책임질 수 있어야 합니다.

아직 미숙한 이에게 이 말은 다소 부담스럽게 들릴 수 있지만, 이는 궁극적으로 내 삶을 내가 제대로 향유하는 방법이기도 합니다.

외부의 도움도 잠깐은 필요하다

"내가 안 해서 그렇지, 일단 하면 잘해."

이런 말을 입에 달고 사는 이들이 있습니다. 이들은 자신이 게으르다는 것을 인정하지 못합니다. 언제고 마음만 먹으면 부지런해질 수 있고, 많은 것을 이룰 수 있다고 말하죠. 그렇게 다른 사람들에게 큰소리를 치며, 스스로를 속이곤 합니다.

"지금 하는 게 나랑 안 맞아서 그런 거야. 내가 좋아하는 걸 하면 나도 정말 신이 나서 열심히 할 수 있다고."

아주 틀린 말은 아닙니다. 아무래도 사람은 자기가 좋아하는 일을 할 때 훨씬 더 큰 에너지가 생기는 법이니까요.

하지만 애석하게도 자기가 좋아하는 일만 하며 살 수 있는 사람은 세상에 별로 없습니다. 어느 정도는 하기 싫은 일도 하면서 살아가게 마련이죠. 좋아하는 일을 열심히 하는 건 누구에게나 쉽습니다. 문제는 좋아하지 않는 일도 제대로 열심히 하느냐입니다. 어쩌면 진짜 부지런한 사람은 자신의 의지를 꺾으며 지금 당장 하기 싫은 일도 참고 해나가는 사람을 의미할지도 모릅니다.

중고등학교 때까지는 하기 싫은 공부지만 부모님이 시켜서 어쩔 수 없이 하는 이들이 많습니다. 그러나 고등학교 졸업 이후에는 공부하라는 성화를 듣는 일이 별로 없습니다. 그렇다 보니 하기 싫은 공부를 자발적으로 하는 사람은 더욱 적어지죠. 물론 처음 얼마간은 놀다가 나중에 정신을 차리고 점차 하기 싫은 일도 스스로 해나가는 법을 터득해가며 자연스럽게 어른이 되어가는 이들도 있지만, 이런 과정을 제대로 거치지 못한 이들도 의외로 많습니다. 바로 이들이 "내가 안 해서 그렇지, 일단 하면 잘 해"라는 말을 입에 달고 다니는 겁니다.

이들은 나중에 회사에 들어가서도 상사가 일일이 일을 시키고 그때그때 감시하지 않으면, 한정 없이 일을 미루다 결국 사고를 치기도 합니다. 이들에게는 일을 던지고 부하직원이 알아서 그 일을 해결할 때까지 믿고 맡겨주는 멋진 상사보다는 깐깐한 시어머니처럼 일의 진행 상황을 꼬치꼬치 묻는 피곤한 상사가 찰떡궁합입니다.

이렇듯 자발적으로 게으른 습관을 고치는 게 생각만큼 쉽지 않은 이들이라면 일시적으로라도 외부의 도움을 받는 편이 좋습니다. 일본어를 전혀 모르는 상태에서 한번 공부해보기로 마음을 먹었다면, 관련 교재나 시청각 자료로 독학을 하는 것보다는 직접 일본어학원을 찾아 선생님에게 배우거나 일본어 스터디그룹을 찾아 함께 공부하는 게 낫다는 것입니다. 그렇게 해서 주기적으로 내 공부 상태를 점검해줄 사람을 만들어야 합니다.

친구와 내기를 하는 것도 한 방법입니다. 일정 시간 이상 공부를 하면 친구가 나에게 돈을 주고, 약속을 지키지 못하면 내가 친구에게 돈을 주는 것입니다. 아주 적은 액수라 할지라도 내기를 하면 일정 부분 동기 부여가 되게 마련이니까요.

매년 새해가 되면 운동을 시작하기로 마음먹는 분들 많으시죠? 이때도 운동기구를 사서 혼자 운동을 한다거나 조깅을 한다거나 하기보다는 피트니스 클럽이나 요가 학원에 등록해 관리해주는 사람을 만드는 것이 좋습니다. 관리해주는 선생님과 1:1로 운동을 하게 되면 비용이 훨씬 올라가지만, 그냥 몇 달치 비용을 내고 한 번도 안 가느니 이쪽이 훨씬 더 남는 장사일 수 있습니다. 자신의 자발성이 어느 정도인지를 냉정히 따져보고 신중하게 결정하시는 게 좋습니다.

나의 관리자가 되기 위하여

이렇게 처음에는 관리자를 만들어 게으름을 날리는 데 도움을 받으면 되겠지만, 언제까지나 이렇게 살 수는 없습니다. 궁극적으로 스스로가 자기 생활을 통제하고 관리하는 사람이 되는 것을 목표로 삼아야 합니다.

어느 정도 관리자의 도움을 받아가며 원하는 목표를 성취하기 위해 어떻게 움직여야 하는지 배웠다면, 이제 스스로 해볼 차례입니다. 나 스스로가 나의 관리자가 된다고 생각해보세요. 나로부터 나를 분리시켜 항상 나를 확인하고 측정해보세요.

다이어트를 하기로 결심한 사람에게 정신과의사가 가장 먼저 권하는 것은 '식사 일기'입니다. 사람들은 자신이 얼마나 자주, 많이 먹는지 잘 모릅니다.

"저는 하루에 세 끼를 다 챙겨먹지도 않아요. 많아야 두 끼? 어떤 때는 한 끼만 먹을 때도 있어요. 그런데 대체 왜 살이 찌는 걸까요?"

이런 말을 하며 속상해하는 이들에게는 본인이 먹은 것이라면 콜라 한 모금, 과자 한 조각까지 모두 적으라고 권합니다. 실제로 이를 전부 다 적어오는 이들은 많지 않은데요. 진짜 드물게 자신이 먹는 것을 죄다 적어오는 이들은 정말 깜짝 놀랍니다. "내가 이렇게 많이 먹다니!" 하는 생각에 충격에 휩싸이는 것입니다.

우리가 하루 세 끼 먹는 밥은 우리가 섭취하는 전체 칼로리 중에 얼마 차지하지 않습니다.

너무 피곤해서 마신 다방 커피 한 잔,
공부하면서 입이 궁금해 먹었던 고구마나 옥수수,
영화를 보면서 즐거움을 배가시키기 위해 먹었던 캐러멜팝콘,
우울할 때 먹은 초콜릿…….

이를 이른바, '감정 식사'라고 하는데요. 사실 이런 감정 식사가 우리 몸의 칼로리를 대부분 책임집니다. 신기하게도, 매일 식사 일기를 쓰는 것만으로도 감정 식사는 대부분 사라집니다. 이에 따라 살이 빠지는 것은 당연한 이치겠죠.

비단 다이어트만이 아닙니다. 시험 준비를 할 때나 중요한 일

알맞은 감정식사를 연결하시오.

을 해야 할 때도 매일 체크하는 습관을 들이는 것이 중요합니다. 나 자신의 생활을 완전히 바꾸어 다른 사람으로 태어나겠다고 굳게 결심했다면 일단 내가 종일 무엇을 하는지 빠짐없이 기록해보세요. 그리고 점수를 매겨야 합니다. 점수를 매기는 것이 어렵다면 '상중하'로라도 기록해봅니다. 오늘 나의 하루가 계획에 맞게 잘 진행됐다면 '상', 딴짓을 좀 하긴 했지만 그럭저럭 괜찮았다면 '중', 아무것도 제대로 해내지 못했다면 '하'로 적어 넣는 것입니다.

이것마저 제대로 하지 못하겠다면, 극단적이지만 CCTV를 달아보는 것도 방법입니다. TV 프로그램을 보면 관찰 카메라가 많이 등장하는데요. 연예인이 아닌 일반인의 경우, 그것에 익숙지 않기 때문에 자신의 모습을 날것 그대로 훨씬 더 많이 드러내는 편입니다. 그래서 자신이 별로 잔소리를 안 한다고 생각했던 사람이 녹화된 영상을 보며 종일 잔소리하는 자신의 모습에 고개를 돌리기도 하고, 심지어 자신이 욕하는 모습을 보면서 "내가 언제 저런 말을 했지?"라고 민망해하기도 하는 것입니다. 아마 우리 누구나 CCTV에 녹화된 자신의 모습을 보는 순간 "으악!" 하며 경악을 금치 못할지도 모릅니다.

시간을 지배하는 자

기록을 통해 전반적인 내 생활 패턴을 익히고 문제점을 파악해 고쳐가기 시작했다면, 이제는 시간과의 싸움입니다. 부지런해지고 싶다면 시간에 민감해져야 합니다.

'잠깐, 이것만 확인하고 다시 공부해야지.'

이렇게 생각하고 인터넷 창을 켰다가 시간 가는 줄 몰랐던 경험, 누구나 한 번쯤 있을 겁니다. 때문에 중요한 일을 할 때는 스스로가 딴짓에 신경을 쓰다가도 다시 제정신을 차릴 수 있도록 알림음을 적절히 활용해보세요.

제가 집중해야 할 일이 있을 때 자주 쓰는 방법은 1시간마다 알림음이 울리도록 설정을 해두는 것인데요. 이렇게 해두면 딴짓을 하다가도 깜짝 놀라 정신을 수습하게 됩니다. '나는 1시간 내내 딴짓을 할지도 몰라'라는 생각이 드는 분들은 30분에 한 번씩 알림음이 울리도록 해두면 되고, '나는 비교적 집중을 잘 하는 편인데 어쩌다 샛길로 빠지지. 1시간마다 알림음이 울리는 게 오히려 더 방해가 될 거야'라고 생각하는 분들은 2시간 내지 3시간으로 설정을 해두면 됩니다.

그런데 알림음도 계속 듣다 보면 익숙해져서 어느 순간 이것을 끄고 자연스럽게 딴짓을 이어갈 수도 있습니다. 때문에 인터넷 사이트의 비밀번호를 정기적으로 바꾸듯이 알림음도 정기적으로 바꾸는 것이 좋습니다. 소리가 다양할수록 효과가 좋아요. 목소리를 사용해도 됩니다. 내가 좋아하는 아이돌의 목소리를 사용해도 좋고, 내가 워너비로 삼고 있는 사람의 목소리를 사용해도 괜찮습니다.

시간을 측정하는 것도 도움이 됩니다. 매일 똑같은 일을 반복하는 경우 그것을 얼마나 시간을 들여서 하는지 측정하다 보면 조금씩 시간이 단축된다는 사실을 발견할 수 있습니다. 그만큼 그 일에 익숙해져서 진행 속도에 탄력이 붙는다는 말이겠지요. 만약 정말 하기 싫은 지루한 일, 빨리 끝내버리고 싶은 일이 있으면, 매일 시간을 측정해보면서 전보다 조금이라도 단축시키기 위해 노력해보세요. 은근히 오기가 생겨서 단 1분, 1초라도 줄이고자 애쓰는 스스로를 발견하고 놀랄지도 모릅니다. 나도 모르게 내가 나 자신과 경쟁하고 있단 걸 알게 될 거예요.

반대도 가능합니다. 목표를 세우고 그것을 이루기 위해 노력하는 시간, 즉 공부하는 시간, 운동하는 시간, 일하는 시간 등등이 매일 조금씩 더 길어졌으면 한다면, 역시 기록을 해가면서 매일 1분, 1초라도 늘려보고자 애를 써보세요.

중요한 건 계속 밀고 나가는 것

작심삼일이라는 말들을 많이 하는데요. 생각해보면 우리는 계획을 세웠을 때 최소한 사흘 정도는 열심히 하는 편입니다. 문제는 그 이후죠. 이상하게도 며칠 열심히 하다 보면, 내 다짐을 흔드는 다양한 변수들이 발생합니다. 술을 끊기로 결심했는데 갑자기 회식이 잡힌다든지, 저녁마다 영어 학원을 다니기로 마음먹었는데 갑자기 친구가 만나자고 한다든지, 새로운 상황은 언제든 생겨나게 마련입니다.

그런데도 한번 그런 일이 생겨 패턴이 깨져버리면 '이왕에 버린 몸' 심리에 사로잡히게 됩니다. '에라, 모르겠다. 어차피 망한 거 그냥 하던 대로 살자'라는 생각이 든다는 것입니다. 이런 생각의 밑바닥에는 새로운 것을 시작했을 때 처음부터 끝까지 그것을 완전무결하게 잘 해내고픈 심리가 자리 잡고 있습니다. 다이어트를 위해 하루 30분씩 조깅을 하기로 마음먹었는데 어쩌다 하루 건너뛰고 말았습니다. 그 다음날 정해진 시간이 다가오면 여느 때보다 갈등이 심해집니다. 결국 '할까, 말까?'를 고민하다가 '이왕에 버린 몸'이란 생각에 도로 자리에 눕고 말죠.

'그러나 이번 주는 아직 사흘이나 남았고, 마음이 풀어진 나는 먹고 싶은 것을 잔뜩 먹으며 하루 20보도 채 걷지 않은 채 주말을 보냅니다. 월요일부터 다시 시작하면 된다고 말하지만, 이미 나의 몸은 지난 월요일보다 3킬로그램이 더 찐 상태입니다.

이런 불상사를 막기 위한 방법은 딱 한 가지입니다. 계획을 '완전무결하게 이행할 수는 없고, 그럴 필요도 없다'는 것을 확실히 아는 것입니다. 그래야 중간에 한 번 삐끗하는 일이 있어도 계속 해나갈 수 있는 것이죠.

당연한 말이지만, 결석보단 지각이 낫습니다. 지각보단 조퇴가 낫고요. 제대로 하지 않아도 됩니다. 단, 빼먹지만 말자고요. 만약 어쩔 수 없이 빼먹었다면 무조건 다음으로 넘어가세요.

매일 같은 일을 하기로 계획을 세울 때도 있지만, 우리는 매일 다른 과제를 하기로 계획을 세울 때도 있습니다. 예를 들어, 영어 공부를 하기로 했다면 월요일은 듣기, 화요일은 말하기, 수요일은 쓰기, 이런 식으로 말이죠. 그런데 오늘 하기로 한 일을 못하면, 오늘 일은 내일로, 내일 일은 모레로 미루는 분들이 있습니다. 그렇게 미루다 보면 한도 끝도 없어져, 며칠 만에 두 손 두 발 다 들게 마련입니다. 이럴 때는 오늘 못 한 일은 못 한 대로 두고, 내일에는 내일 하기로 정한 일을 하는 게 맞습니다.

일단 미루지 않는 것, 그 자체를 목표로 해야 합니다. 제대로 하는 것보다 중요한 것은 계속 밀고 나가는 것임을 명심하세요.

내 삶의 주도권 되찾기

마지막으로, 보상과 처벌에 관해 이야기해보겠습니다. 의지력에만 기대기 힘든 상황에서 보상과 처벌은 게으름을 날려버리는 데 큰 역할을 할 수 있습니다. 즉, 스스로 계획한 바를 잘 지키거나 지키지 못할 때마다 적절한 보상과 처벌을 병행한다면 부지런한 나로 거듭날 가능성이 더 커진다는 것입니다.

그런데 보상에는 두 가지 형태가 있습니다. 원하는 것을 제공받는 것도 보상이고, 불쾌한 것이 줄어드는 것 역시 보상입니다. 마찬가지로, 처벌에도 불쾌한 일이 발생하는 것, 좋아하는 것을 빼앗기는 것, 이렇게 두 가지 형태가 있습니다.

	부지런한 행동 증가	게으른 행동 감소
보상	좋아하는 것을 얻음	싫어하는 상황이 발생
처벌	싫어하는 상황이 줄어듦	좋아하는 것을 빼앗김

보상과 처벌 가운데 어느 쪽이 더 효과적일까요? 이솝우화에서 지나가는 나그네의 옷 벗기기 내기를 했던 해와 바람 이야기처럼, 사실 처벌보다는 보상 쪽이 더 효과적입니다.

만약 내 게으름이 조금이라도 줄어들었다면, 계획을 지키느라 고생한 나에게 평소 갖고 싶었던 작은 선물을 해보세요. 아니면 내가 싫어하는 것을 조금 줄이는 보상을 해주어도 좋습니다. 직장상사의 얼굴을 보기 싫은 사람은 휴가를 신청해 며칠만이라도 멀리 여행을 갈 수 있을 것입니다. 이런 보상도 없이 무조건 '열심히 해야 해' '부지런히 살아야지' 하고 결심한다면, 백이면 백 실패하고 말 것입니다.

게으름이 줄어든다는 것은 어쩌면 조금 더 불편해진다는 의미일지도 모르겠습니다. 어쨌든 아무것도 하지 않다가 무언가를 스스로 해야 한다는 의미이니까요.

하지만 조금 불편해지더라도 해야 할 일을 제대로 해내는 것이 성숙한 인간의 또 다른 특권이지 않을까요? 그런 불편함이 단순히 의미 없는 것이라면 문제가 있겠지만, 게으름을 버리고 얻은 불편함은 나 자신을 위한, 나의 미래를 위한 투자일 수 있으니까요.

내 몸과 정신을 온전히 내가 지배하고 내 의지대로 이끌어가겠다는 마음으로, 지금까지 소개한 자기 관리법을 하나하나 실천 해보시기 바랍니다.

게으름과 헤어지는 법

- 자발적으로 게으름을 고치기가 너무 어렵다면 외부 도움을 받는 것도 좋습니다. 하지만 이것은 어디까지나 일시적인 방법이라는 걸 명심하세요.
- 내가 나의 관리자가 된다는 마음으로 내 일상을 기록하고 체크해보세요. 다이어트를 하고 있다면 식사 일기를, 공부를 하고 있다면 공부 일기를 쓰는 것도 방법입니다.
- 무언가를 하다 갑자기 정신줄을 놓는 일을 방지하기 위해 알림음이 울리도록 시간을 설정해두세요. 이때 알림음은 자주 바꾸는 게 좋아요.
- '이왕에 버린 몸' 심리를 이겨야 합니다. 계획에 차질이 빚어졌다고 중도 포기하지 않는 게 중요해요.

SNS에 시간을 빼앗기지 마라

요즘 지하철을 타면 책을 보는 사람이 거의 없습니다. 대부분 고개를 숙이고 손바닥 안의 작은 기기, 그러니까 스마트폰을 열심히 들여다보고 있는데요. 불과 몇 년 전까지만 해도 이런 풍경은 꽤 낯선 것이었지만, 이제는 오히려 책을 보는 사람이 더 이상하게 느껴질 지경입니다. 어디 지하철 풍경만 그런가요? 커피숍에서도 도서관에서도 버스 정거장에서도……. 사람들은 조금만 여유 시간이 생기면 스마트폰을 만지작거립니다. 대체로 게임, 인터넷 서핑, SNS 등을 하죠.

이렇듯 스마트폰은 우리 일상 깊숙이 침투해 원래부터 거기 있었던 것인 양 익숙한 자리를 차지하고 있습니다. 이제는 스마트폰이 없으면 답답하고 불안한 마음마저 들 정도입니다. 문제는 자투리 시간에만 스마트폰을 하는 것이 아니라는 데 있습니다. 해야 할 일, 해야 할 공부가 버젓이 있는데도 이 작은 기기에서 눈을 떼지 못하다 보면 어느새 시간이 훌쩍 지나가 있습니다. 어쩌면 최근 우리들이 할 일을 미루게 된 원인 중 상당 부분이 이 스마트폰에 있는지도 모르겠습니다. 대체 어쩌다 우리가 이렇게 스마트폰에 집착하게 된 것일까요?

대인관계에 집착하는 사람들

먼저 대인관계에 대한 집착 때문인 이들이 있습니다. 인간과 비슷하다고 하는 원숭이들은 온종일 상대방의 털을 골라줌으로써 서로 소통을 합니다. 인간으로 치면 이는 수다와 비슷한 행위입니다. 간혹 남자들은 수다를 잘 안 떨지 않느냐고 하는 분들이 있는데요. 수다를 즐기지 않는다고 하는 남자들은 만나서 대체로 술을 많이 마십니다. 그런데 아무 말 없이 술만 마시는 사람은 거의 없죠. 사실은 서로 대화를 주고받는 과정에서의 어색함을 피하기 위해 술의 힘을 빌리는 겁니다. 이들은 사업 때문에, 사회생활 때문에 술을 마신다고 말하지만, 사실은 수다를 떨기 위해 술을 마시는 거죠.

이처럼 수다와 거리가 먼 것처럼 보이는 사람들까지도 실은 수다를 떨며 살아갈 만큼 인간은 타인과 말을 섞지 않으면 답답해서 살아갈 수 없는 존재입니다. 따라서 공부하거나 일을 할 때는 수다를 참았다가 할 것을 다 마친 후에 떠드는 것만으로는 충분치 않습니다. 그래서 예전에는 그 와중에 종종 쪽지를 만들어 돌리거나 혼자 낙서를 하기도 했죠. 지금은 그 대신 스마트폰으로 SNS 활동을 하는 것입니다.

그런데 스마트폰에 유독 집착하는 이들이 있습니다. 이들은 혼자 있다는 느낌과 침묵을 참아내지 못합니다. 이야기할 상대가 없이 혼자 공부나 일을 할 때, 이들은 다른 사람들에 비해 심하게 '갑갑하다'는 느낌을 받죠.

심리 검사를 해보면 이런 이들은 외향적인 성격을 강하게 지닌 것으로 나옵니다. 이들은 해야 할 일을 하는 와중에도 '다른 사람들은 지금쯤 무엇을 하고 있을까' '다른 사람들은 무슨 생각을 하고 있을까' '혹시 내가 뭐하는지 궁금해하는 건 아닐까'와 같은 생각을 합니다. 그래서 차마 스마트폰을 끄지 못합니다. 그러다 문자메시지나 메신저 알림음이 울리면 처음 한두 번은 참지만,

그 다음에는 궁금해서 참지 못하죠. 혹여 자신이 상대방의 메시지를 무시한 것으로 상대방이 자신을 오해할까 봐 불안해하기도 합니다. 그래서 계속해서 스마트폰을 힐끔힐끔 쳐다보며 새로운 메시지가 오진 않았는지 확인을 합니다.

'그래, 오늘은 약속도 없으니까 집에서 꼭 시험공부를 해야지.'

이렇게 야무진 다짐을 하면서 책상 앞에 앉지만, 아무런 소용이 없습니다. 친구와 메시지를 주고받는 시간이 공부하는 시간보다 긴 것은 당연지사. 이럴 거면 차라리 밖에 나가 친구와 만나서 수다를 떠는 게 나을 지경입니다.

친구에게 아무런 연락이 없어도 공부가 잘 안 되는 것은 매한가지입니다. 확인하고 싶은 것이 생기면 그 충동을 억제하지 못하기 때문입니다.

'연예인 ○○○ 나이가 어떻게 되더라…….'

문득 잡생각 중에 이런 궁금증이 떠오르면 스마트폰을 꺼내 검색을 해봅니다. 그러다 보면 꼬리에 꼬리를 무는 정보들로 인해 궁금한 것이 눈덩이처럼 불어납니다. 그의 배우자, 작품활동, 기타 연관검색어까지 모조리 섭렵하고 나서야 '내가 지금 뭐를 하고 있는 거지' 하는 생각이 퍼뜩 들지만, 이미 때는 1시간이 훌쩍 지나간 다음입니다.

이들은 스마트폰이 문제라는 것을 너무나 잘 압니다. 그렇지만 이 문제를 어떻게 해결해야 할지 모릅니다. 일단 스마트폰이 울리면 받고 봐야 하는 것입니다.

자기 과시에 빠진 사람들

두 번째는 SNS에 사진을 올리는 데 상당 시간을 쓰는 이들입니다. 이들은 자기 모습이 최대한 멋지게 혹은 예쁘게 나오도록 수십, 수백 컷을 찍은 후 보정까지 완벽하게 해서 올리기도 하고, 일상생활 모습 중에서도 그럴듯한 것만 모아서 대단한 것처럼 포장해 올리기도 합니다. 그리고 그것을 사람들이 대단하게 여기며 칭찬하는 내용의 댓글을 달아주면 한껏 기뻐합니다. 사람들로부터 받은 관심으로 인해 일시적으로나마 자아 도취감에 빠지는 것인데요. 그야말로 가짜 자신감에 취하게 되는 것이죠.

이보다 한 발 더 나아가 누가 봐도 뻔한 거짓말을 하는 이들도 있습니다. 남의 근사한 사진을 퍼다가 자기 모습인 양, 자기 일상인 양 포장해 올리는 이들도 있죠. 이렇게 거짓말을 해서라도 자랑을 하고 싶어 하는 현상을 심리학에서는 '자아 도취' '자기 과시' '자기 위로' 등의 용어로 설명합니다.

어렸을 때 우리는 누구나 자기가 원하는 대로 될 수 있다고 믿습니다. 그래서 어린아이에게 무엇이 되고 싶냐고 물으면 대체로 '대통령이 되고 싶다' '프로야구선수가 되고 싶다' '판검사, 의사가 되고 싶다'라고들 이야기하죠. '낮은 임금을 받고 지루한 일을 하는 사람이 되고 싶다'고 말하는 경우는 없습니다. 그러나 나이가 들면서 현실이 그다지 녹록지 않다는 것을 깨닫게 됩니다. 이에 따라 점차 현실 순응적으로 변해가게 되죠.

하지만 간혹 나이가 들어서도 이런 심리가 완전히 사라지지 않는 이들이 있습니다. 무리해서 자기 과시를 하는 이들은 월급으로 감당하기 벅찬 스포츠카를 장만하기도 하고, 명품 가방을 구입하기도 합니다. 그 과시의 대가로 몇 달치 카드빚을 어깨에 지고 살아가야 하지만 이들은 개의치 않습니다. 스스로는 필요해서 샀다고 우기지만, 이들은 사실 주변 사람들의 부러움 섞인 시선을 느끼고 싶었던 것입니다. 물건이 자기 가치를 끌어올린다고 믿고 거기서 자기만족을 얻는 것이죠.

바로 이런 심리를 가진 이들이 SNS에 멋진 사진을 올리느라 시간을 빼앗기는 게으름뱅이들입니다. 그렇게 구입한 고가품들을 SNS에 올리기도 하고, 그마저도 살 수 없는 처지인 이들은 남의 차, 남의 명품을 찍어서라도 올립니다. 그렇게 거짓말로 자신을 과시하면서 순간적으로나마 스스로를 위로하는 것입니다.

위로받을 누군가가 필요한 사람들

마지막으로, SNS 상에서 전혀 얼굴도 모르는 상대방과 대화를 나누느라 많은 시간을 허비하는 이들이 있습니다. 여자들의 경우, 현재의 생활이 힘들고 정서적으로 지지를 받고 싶은 마음 그리고 권태로운 생활에 지쳐 약간의 흥분을 원하는 마음이 합쳐져 SNS를 통해 남자와 대화를 하고 싶어 하는 케이스가 적지 않습니다.

그런데 모든 남자들도 이 정도의 마음이면 좋겠지만, 그렇지 않은 목적을 가진 남자도 많다는 게 문제입니다. 남자들 중에는 익명의 공간에서 여자를 만났을 때 육체적 관계로 발전하길 원하는 이들이 종종 있습니다. 이들은 온라인으로 여자를 만나 대화를 나누다 실제 오프라인 만남으로 이어졌을 때, 상대방 여자도 자신과 같은 마음일 거라고 착각하곤 합니다. 정서적 유대관계를 원했던 여자는 이런 남자의 태도에 실망하고 더 큰 상처를 받게 되죠.

물론 나에 대해 아무것도 모르고 그래서 아무런 편견이 없는 상대에게 무언가를 털어놓고 싶은 마음이 드는 건 이해할 수 있는 부분입니다. 어쩌면 그런 상대에게는 더 솔직해질 수도 있을 것입니다. 하지만 나도 상대방이 누구인지 모르고 상대방도 내가 누구인지 모르는 가운데, 서로에게 기대하는 것만 존재하는 상황에서는 진실에 기초한 관계를 만들어가기가 어렵습니다. 그렇기 때문에 근본적인 마음의 변화를 일으키지 못하죠. 정말 운이 좋아서 서로 마음이 통하는 사람을 만나 위로를 받을 수도 있겠지만, 많은 경우 서로 다른 목적 때문에 더 큰 실망감을 갖게 될 수 있다는 것 또한 명심해야 할 것입니다.

현재 나의 생활이 갈등과 무관심, 권태로 얼룩져 있다면, SNS를 통해 위로를 받는 데 분명 한계가 있습니다. 그것은 일시적이기 때문이죠. 근본적으로 문제를 해결하고 싶다면 나의 마음이 지금 얼마나 헐벗고 황폐한 상태인지를 확인하고 그것과 대면해야 합니다. 필요하다면 상담을 통해 치료자와 함께 인생의 길을 다시 돌아보아야 합니다. 이런 과정을 통해 궁극적으로 자신의 마음이 변화되고 삶이 더 온전해진다면, 더 이상 SNS에 의존하지 않게 될 것입니다.

피하거나 대체하거나

스마트폰에 빠지는 데는 이처럼 다양한 심리적 원인이 작동합니다. 그리고 그런 원인을 찾아 근본적으로 제거할 수 있다면 문제는 자연스럽게 해결될 수 있을 겁니다.

하지만 그런 것이 아니라 단순히 스마트폰 사용이 습관이 된 경우 그리고 지금 당장 무슨 수를 써서라도 SNS를 끊지 않으면 내 생활이 엉망이 될 것 같은 긴급한 상황일 경우에는 이런 방법을 써보세요(확실한 것은 스스로의 의지로 극복하는 것은 불가능하다는 점입니다. 그렇기 때문에 어떤 식으로든 내가 이것에 접근하지 못하도록 극단적인 방법을 써야 합니다).

내가 스마트폰을 오래 사용하는 이유가 SNS 사용 때문이라면 SNS 계정을, 게임 계정 때문이라면 게임 계정을 삭제하세요. 둘 다 사용을 한다거나 그냥 별 일이 아닌데도 수시로 스마트폰으로 인터넷 서핑을 하고 있다면, 전화기 자체를 피처폰으로 바꾸는 것도 좋습니다.

당장 그렇게 할 수 없다면 계획한 일, 중요한 일을 할 때만이라도 스마트폰을 끄고 가방 깊숙한 곳에 넣어두시기 바랍니다. 정말 그렇게까지 했는데도 스마트폰을 꺼내 다시 보게 된다면 라

커에 놓아두고 문을 잠가두거나 믿을 만한 사람에게 맡기거나 집에 놔두고 오거나 하는 것도 방법입니다.

이렇게까지 했는데도 다시 자투리 시간이 되면 욕구를 참지 못하고 삭제했던 SNS 계정이나 게임 계정을 살려 다시 그것에 빠지는 이들을 많이 봅니다. 그러면서도 자신이 SNS나 게임에 쓰는 시간이 헛되다는 것을 알고, 그 시간에 공부 등 좀 더 생산적인 일을 하길 원하는 모순된 마음을 품게 되죠. 괜찮습니다. 그런 당신이 이상한 게 아닙니다. 우리 의지가 그 정도로 강했다면, 아마 모두가 김연아나 강수진이 됐겠죠.

SNS나 게임을 중단하고 그 시간에 공부나 일을 한다면 이는 곧 자신이 좋아하는 것을 자신이 싫어하는 것으로 맞바꾸는 셈이 됩니다. 그러므로 너무 억지로 안 하려고 하다가 나중에 일단 손을 대면 그동안 참았던 것에 대한 보상 심리가 발휘되어 더 긴 시간, 더 깊게 SNS나 게임에 빠지게 되기도 합니다.

아무리 노력해도 잘 되지 않는다면 SNS나 게임 시간을 줄이는 대신, 자신이 좋아하는 다른 무언가를 해보세요. 단, 그것이 공부나 일을 하는 도중에는 할 수 없는 것이어서, 되도록 따로 시간을 내어 할 수 있는 것이어야 합니다. 그렇지 않으면 스마트폰에 빠지는 것과 별반 다름없는 결과를 낳을 테니까요.

예를 들어, 게임에 푹 빠져 있는 이들은 게임 대신 축구나 농구를 해보는 것도 방법입니다. SNS에 푹 빠져 있는 이들은 댄스를 배워보는 것도 좋겠죠. 이렇게 몸을 쓰는 활동이 싫다면 퍼즐이나 프라모델 조립 등 좀 더 정적인 일에 몰입해보는 것도 괜찮습니다. 머릿속을 텅 비우고 무언가에 몰입을 하다 보면 마음속의 묵은 감정 찌꺼기들이 사라지면서 정신이 더 또렷해져, 이후 계획한 것을 할 때 훨씬 집중력이 강화되기도 합니다.

게으름과 헤어지는 법

- 스마트폰을 들여다보느라 해야 할 일을 못 하는 경우가 잦다면, 아예 휴대전화를 피처폰으로 교체해보세요. SNS나 게임에 시간을 많이 빼앗긴다면 각 계정을 삭제해보고요. 아예 원인을 차단해 한 번에 끊는 것이 효과적입니다.
- 그 대신 건강하게 몸을 쓰는 활동으로 스트레스를 풀거나, 머릿속을 텅 비울 수 있는 다른 몰입거리를 찾아보는 것도 좋습니다.

분위기를 새롭게 바꿔라

지금까지 이 책을 읽어본 분들은 모두 눈치 채셨겠지만, 게으름도 일종의 습관이라 할 수 있습니다. 즉, 게으름에도 조건 반사가 일정 부분 작용한다는 것입니다.

그런데 모든 습관에는 분위기가 영향을 끼칩니다. 아무리 습관적으로 하는 행동이라 해도 때와 장소, 함께하는 사람들에 따라 조금씩 다른 양상으로 펼쳐질 수 있다는 것이죠.

예를 들어, 혼자서 밥을 먹을 때 습관적으로 TV를 틀어놓고 스마트폰을 손에 쥔 채 먹는 사람이 있다고 해보죠(실제로 이런 분들이 상당히 많죠?). 밥이 입으로 들어가는지 코로 들어가는지 모른 채 식사를 하다 보면, 어느 때는 10분, 어느 때는 5분 만에 식사를 해치워버리곤 합니다. 그렇게 급하게 밥을 먹고는 늘 소화가 안 된다고 소화제를 입에 달고 삽니다.

그런데 그의 집에 어느 날 여자친구가 놀러 왔습니다. 정성껏 음식을 해서 둘이 식사를 하는데 TV를 켤 수 있나요? 스마트폰을 손에 쥐고 밥을 먹을 수 있나요? 아마 서로를 바라보고 즐거운 이야기를 나누며 느리게 식사를 하게 될 겁니다. 그렇게 식사를 다 하고 시계를 보면 어느덧 30분이 훌쩍 지나 있습니다. 이렇게 천천히 식사를 한 것은 정말 오랜만이라는 생각을 하게 되죠.

익숙한 환경을 낯선 풍경으로

게으름도 마찬가지입니다. 익숙한 장소에서 익숙한 사람과 있을 때, 우리는 더욱 게을러지게 마련입니다. 이를 반대로 생각하면, 낯선 장소에 가서 낯선 사람과 무언가를 새로 시작할 때는 긴장을 하게 되어 아무래도 게으름을 덜 피우게 될 거라는 해석이 가능합니다.

하지만 늘 새로운 장소를 찾아다닐 수도, 새로운 사람을 만날 수도 없는 일이니, 우선 내 환경을 바꾸려는 노력이 필요합니다.

새로운 열정
가족 사진
새로운 화분
새 연필꽂이
예쁜 가습기

환경을 살짝 손보는 것만으로도 의외로 많은 효과를 볼 수 있습니다.

긴 시간을 책상 앞에서 공부하거나 일을 해야 하는 상황이라면, 책상 위의 물건들을 새롭게 정리해보세요. 꽃이나 화분을 놓아도 좋고, 겨울에는 예쁜 가습기를 올려두어도 좋을 것입니다. 다 낡아빠진 연필꽂이를 새로운 것으로 바꾼다든가 컴퓨터 모니터에 귀여운 메모판을 새로 설치한다든가 가족이든 연인이든 자꾸 보고 싶은 사람 사진이 담긴 액자를 걸어두는 것도 도움이 됩니다.

도서관이나 독서실이 아닌 집에서 공부하는 사람이라면, 아예 가구 배치를 바꿔보는 게 어떨까요? 기왕이면 게으름을 부르는 가구들을 치우는 것도 좋습니다. 공부를 하다 좀 안 풀리는 것 같다 싶으면 무조건 침대로 직행하게 되나요? 그러면 과감히 침대를 없애는 것도 방법입니다.

피트니스센터 가는 것이 어느 순간 지겨워진 분은 센터를 바꿔봐도 괜찮습니다. 집에서 운동을 하는 분들 가운데 집에 오자마자 소파에 누워 TV를 보느라 아까운 시간을 흘릴 때가 많은 분은 TV를 치우는 것도 해볼 만합니다. 다이어트 중인데 퇴근길에 너무 맛있는 것을 파는 가게가 많아 그냥 지나치기 힘든 분이라면, 조금 멀더라도 퇴근길을 바꿔보시기 바랍니다.

가장 치명적인 '적'은 사람

우리는 혼자서 꿈지럭대며 게으름을 피울 때도 있지만, 누군가와 함께 노닥거리다 시간을 흘려보낼 때도 적지 않습니다. 빈도로만 보면 혼자서 게으름을 피울 때가 훨씬 문제지만, 사실 더 치명적인 것은 누군가와 함께 피우는 게으름입니다. 혼자서 게으름을 피우고 있을 때는 알아서 털고 끝내면 되지만, 누군가와 함께 있을 때는 이제 그만하고 일어나자고 하기가 쉽지 않아서인지 더 오랜 시간을 허비하기 때문입니다.

'오늘은 이 부분까지 공부해야지.'

이렇게 다짐 또 다짐을 했건만, "뭐해? 쇼핑하러 가자"라는 친구의 전화 한 통에 맥없이 무너져내리기 일쑤입니다. 방금 전까지 불타오르던 의욕은 어딘가로 사라지고 '그래, 오늘 하루만 놀지 뭐' 하는 마음이 스멀스멀 올라옵니다. 그렇다고 친구와 만나서도 완전히 몰입해 노는 것도 아닙니다. 마음 한구석에서는 '아, 오늘 거기까지 공부해야 하는데' 하는 찝찝한 생각이 떠나질 않습니다.

다이어트를 하는 이들에게도 가장 치명적인 적은 다름 아닌 '사람'입니다.

"에이, 딱 오늘까지만 먹고 내일부터 안 먹으면 되잖아."

그들은 아무렇지 않게 말하지만, 아마 모를 겁니다. 나에게 이렇게 말하는 사람이 그들뿐만이 아니라는 것을. 월요일에는 대학 선배들이, 화요일에는 직장 동료들이, 수요일에는 이모가, 목요일에는 고등학교 친구들이, 주말에는 언니가 나를 이렇게 달콤한 말로 유혹합니다. 대체 나의 다이어트는 언제부터 시작할 수 있을지, 평생 시작이나 해볼 수 있을지 모르겠습니다.

사람 핑계를 대긴 하지만, 사실 문제는 그들이 아니라 나 자신입니다. 내 목표를 좀 더 단호하게 그들에게 말하고 양해를 구할 수 있어야 하는데, 당최 그러지 못하는 건 어쩌면 내 안의 진짜 속마음 역시 놀고 싶고, 먹고 싶기 때문일지 모릅니다.

그러니 다시 한 번 강조하지만, 의지력을 믿어선 안 됩니다. 내 의지는 내 욕망과 비교해 너무나 힘이 약해서 툭 치면 탁 꺾여 버리고 맙니다.

사람들과 함께하는 자리를 최대한 피하세요. 일단 공부를 시작하면 휴대전화를 보이지 않는 곳으로 치우고 최소한 공부하는 동안만큼은 그 어떤 메시지도 받지 않도록 환경을 만들어보세요. 공부를 한답시고 고시원에 들어왔다가 고시원 사람들과 어울리며 공부와 점점 담을 쌓아가는 사람이라면 차라리 부모님 눈치를 봐야 하는 집으로 들어가는 편이 훨씬 낫습니다.

"딱 오늘까지만 먹자"고 나를 꼬드기는 이들을 피하기 위해서는 같이 다이어트를 하는 파트너를 만들어보세요. 그리고 그 파트너와 매일 저녁 약속을 만드는 것입니다. 그러면 만나자는 사람들의 청을 자연스럽게 거절할 수 있고, 다이어트 파트너와는 만나서 간단히 도시락을 먹고 운동을 한다든가 해서 목표를 이어나갈 수 있겠죠.

자연스러운 변화 만들기

요즘 대학생들, 특히 입사 시험을 준비하는 학생들 사이에 모바일 메신저로 일어나는 시간, 자는 시간, 공부하는 시간 등등을 주고받으며 서로를 감시해주는 모임이 늘어나고 있다고 합니다. 심지어 자신의 현재 상황을 그대로 보여주는 인증샷을 올려야 하는 까다로운 그룹도 많다고 하는데요. 아무래도 그만큼 경쟁이 더 심해졌다는 이야기일 테지요.

그 정도로 힘들게 공부하는 우리 학생들을 보면 안타깝기도 하고 그럴 수밖에 없는 세태가 씁쓸하기도 합니다. 하지만 게으름과 작별하기 위한 나름대로의 방법이라고 봤을 때는 대단히 영리하다는 생각도 듭니다.

생각해보세요. 주중을 정해진 스케줄대로 보내다가 '이번 주부터는 주말에 일찍 일어나야지'라고 결심하지만, 주말 아침에 딱히 할 일이나 약속이 없으면 우리는 늦잠을 자기 일쑤입니다. 도저히 스스로 자신의 기상 시간을 제어할 자신이 없다면, 어떤 식으로든 이것을 감시해주는 환경을 만들어야 합니다. 아침 일찍 일어날 수 있도록 오전에 몇 시간만 하면 되는 아르바이트를 시작하거나 학원에 다니는 것도 방법입니다. 아니면 주말 오전에만 하는 스터디 그룹에 참여하는 것도 좋습니다. 어쩔 수 없이 일어나게 하는 거죠.

기상 시간은 해결이 됐는데 그 이후의 시간도 제대로 지키지 못한다는 생각이 들면, 처음에 이야기한 감시 그룹에 들어가 보세요. 물론 이것이 길게 이어지는 것은 바람직하지 못합니다. 거듭 강조했지만, 우리의 목표는 나를 내 뜻대로 온전히 움직이는 데 있으니까요. 어느 정도 게으름과 결별했다는 생각이 들고 생활 패턴이 제대로 자리 잡혔다는 생각이 들면, 그때부터는 스스로 관리하는 습관을 들여야 합니다.

중요한 것은 지금까지와 같은 패턴으로 살면서, 게으름에서 벗어나기를 바라는 것은 무리라는 점입니다. 흔들리기 쉬운 나의 마음보다는 환경을 바꾸어 자연스럽게 변화가 일어나도록 유도하는 것이 먼저입니다.

게으름과 헤어지는 법

- 지루한 일상을 새로운 환경으로 바꿔보세요. 책상 위 물건들을 교체하거나 가구 배치를 다시 한다거나 늘 돌아다니던 길에서 벗어나 다른 길로 가본다거나, 방법은 무궁무진합니다.
- 달콤한 제안으로 내 의지력을 흐리는 주변 사람을 멀리하세요. 대신 같은 목표를 갖고 함께 달릴 수 있는 파트너를 만들어보세요.

비능률을 제거하라

'게으른 사람'이라고 하면 제일 먼저 어떤 이미지가 떠오르세요? 해가 중천에 떠 있을 때 느릿느릿 일어나는 사람 아닐까요? 그만큼 우리는 '아침에 일찍 일어나는 새가 벌레를 더 많이 잡는다'는 생각에 사로잡혀 있습니다.

게으름에서 벗어나려면 아침에 일찍 일어나는 것이 기본입니다. 그래서일까요? 10여 년 전에 대단한 인기를 끌었던 책《아침형 인간》이 지금도 많이 읽히고 있습니다.

하지만 언제나 기본이 있으면 예외도 있는 법입니다. 세상에는 아무리 노력해도 아침형 인간이 될 수 없는 이들이 존재합니다. 사람에 따라 생체 리듬이 다르기 때문이죠. 대부분의 사람은 일찍 자고 일찍 일어나는 것이 몸에 맞지만, 어떤 이는 늦게 자고 늦게 일어나는 것이 몸에 맞는 것입니다.

아침형 인간 vs. 올빼미형 인간

수면 사이클은 시상하부의 '시교차상핵Suprachiasmatic nucleus, SCN'이라는 부위에서 조절하는데요. 이 시교차상핵의 활동은 개인에 따라 차이가 큰 편입니다. 그래서 어떤 사람은 아침도 모자라 새벽에 일어나 공부를 하면 머리에 잘 들어오지만, 어떤 사람은 밤이 깊어질수록 공부가 잘 됩니다. 아침형 인간은 아침부터 공부하는 것이 맞고, 올빼미형 인간은 늦잠을 잔 다음 오후부터 공부를 시작하는 것이 맞는 셈입니다.

인간은 자기가 보는 앞에서 상대방이 무언가를 할 때 상대방이 부지런하다고 여깁니다. 그래서 아침형 인간만 최고라고 믿는 부모님들은 본인이 깨어 있는 동안 자식이 공부하는 모습을 보아야 '아, 저 아이가 제대로 공부를 하고 있구나' 하고 생각합니다. 반대로 자식이 늦게 일어나면 무조건 게으르다고 잔소리를 하죠. 자식이 밤늦게까지 공부를 열심히 하더라도 자신이 보지 못한 이상, 왠지 딴짓을 했을 것만 같습니다. 어릴 적부터 이런 부모님과 함께 살며 "넌 왜 이렇게 게으르냐. 일찍일찍 일어나지 못하고!" 하는 이야기를 끊임없이 들어온 사람은 자신이 무척이나 게으른 인간이라는 강박관념에 시달릴 수밖에 없습니다.

결국 자신의 리듬을 무시한 채 부모님 잔소리가 듣기 싫어 아침에 억지로 일어나 도서관을 향하지만, 도저히 책이 눈에 들어오지 않아 아침 내내 엎드려 자게 되죠. 그러다 친구들과 어울려 점심을 먹고는 식곤증이 몰려와 또 자게 됩니다. 그러다 오후 3~4시쯤이 되어야 좀 정신이 들어 공부를 시작하지만, 다시 저녁 먹으러 가자는 친구들이 찾아오면 밖에 나가 밥을 먹고 몇 시간 노닥거리다 밤 10시쯤 집에 들어갑니다.

'일찍 자야 일찍 일어날 수 있지.'

부모님 말씀을 다시 한 번 곱씹으며 일찍 잠자리에 들지만, 잠은 오지 않죠. 어쩔 수 없이 몇 시간을 뒤척이며 스마트폰을 들여다보다 새벽이 되어서야 겨우 잠이 듭니다.

이런 이들은 늘 피로에 쩔어 있습니다. 그야말로 악순환의 연속인 셈입니다.

누가 뭐라고 하건 간에, 공부는 나의 생체 리듬에 맞춰서 해야 합니다. 밤늦게까지 공부하는 것이 잘 맞는다 싶으면 새벽 3시가 되었건 4시가 되었건 지칠 때까지 공부하면 됩니다. 그러다 잠이 들면 해가 중천에 떠 있건 말건, 어머니가 아침을 먹으라고 성화를 하시건 말건 그냥 잡니다. 그러다 늦은 점심을 먹고 도서관에 가면 되는 겁니다. 이런 패턴이 훨씬 더 능률적입니다.

물론 사람의 생체 리듬은 습관을 들이기 나름인 면도 있습니다. 그러나 계속해서 아침형 인간이 되기 위해 노력했는데도 잘 되지 않는다면, 굳이 억지로 남들이 만든 틀에 자기 자신을 끼워 맞출 필요가 없다는 이야기를 하고 싶은 것입니다. 그것처럼 미련하고 비능률적인 일이 없으니까요.

자신이 올빼미형 인간이라는 확신이 있다면, 나중에 직업을 고를 때도 그런 패턴을 유지할 수 있는지를 고려해야 합니다. 그렇지 않고 남들과 똑같이 아침 9시 출근, 저녁 6시 퇴근을 하는 직장에 들어간다면, 아마 머지않아 여러분은 직장에서 '구제불능의 게을러빠진 인간'으로 낙인찍힐 것입니다.

밸런스가 맞아야 능률적이다

올빼미형 인간이 아침형 인간이 되려고 애쓰는 것만큼이나 비능률적인 일이 있습니다. 바로 공부나 일의 밸런스를 제대로 맞추지 못하는 것입니다.

알기 쉽게 시험 이야기를 예로 들어볼게요. 시험 준비를 하다 보면, 각자 재미있는 과목과 지루한 과목, 어려운 과목과 쉬운 과목이 있습니다. 그런데 시험공부 계획을 세우면서 "나는 좋은 건 나중에 할 거야"라며 처음에는 지루하고 어려운 과목만 배치하고 나중에는 재미있고 쉬운 과목만 배치하는 이들이 있습니다. 물론 재미있고 쉬운 과목을 공부할 때는 책장이 술술 넘어가겠죠. 하지만 지루하고 어려운 과목을 공부할 때는 어떨까요? 머리에 쥐가 날 지경일 겁니다. 아마 거의 진도를 나가지 못할 수도 있습니다. 게다가 이런 과목들을 앞에 배치하다니, 이 계획이 순조롭게 이행될 수 있을까요? 그럴 리 없습니다. 공부가 제대로 되지 않을 테니까요.

물론 집중력이 좋고 인내심 있는 사람이라면 이렇게 공부해도 큰 문제가 없을 겁니다. 그러나 평범한 우리들 대부분은 그렇지 않습니다. 시험공부를 해야 할 때는 하루에 어려운 과목과 쉬운 과목, 지루한 과목과 재미있는 과목을 시간대별로 골고루 섞는 것이 좋습니다.

운동할 때를 생각해보세요. 너무 격렬한 운동만 계속하다 보면 근육에 무리가 가죠. 그래서 격렬한 운동 사이사이에는 이완을 시켜줄 수 있는 스트레칭이나 가벼운 맨손체조를 배치하곤 합니다. 마찬가지로 우리 뇌도 한 가지 일만 계속하면서 너무 많이 쓰면 지칩니다. 하루에 한 과목씩 몰아서 공부하다 보면 금세 그로기 상태가 되는 것도 이 때문입니다. 뇌에 새로운 자극을 가하면서 중간 중간 적절히 이완을 시켜주어야 합니다.

이에 따라 하루 공부의 시작은 너무 어렵지도, 너무 쉽지도 않은 과목으로 합니다. 그러다 좀 지루해지면 그때는 익숙하고 쉬운 과목으로 갈아탔다가 너무 만만해진다 싶으면 어렵고 지루한 과목으로 갈아탑니다. 그러다 머리에 쥐가 날 것 같으면 다시 만만한 과목으로 돌아갑니다. 이런 식으로 밸런스를 맞춰주어야 합니다.

두뇌가 지치면 어려운 문제는 아무리 집중해서 곰곰이 생각을 해도 잘 풀리지 않는 법인데요. 이럴 때 쉽고 익숙한 부분을 공부하게 되면, 우리 뇌의 한 구석이 무의식적으로 방금 전에 풀려고 했던 어려운 문제를 기억합니다. 인식하지 못해도 뇌 신경망이 자동으로 작동하고 있는 것이죠. 그래서 쉽고 익숙한 부분을 공부하다 다시 아까 그 어려운 문제로 넘어가면 저절로 풀려 있는 경우가 있는 것입니다.

천천히, 꾸준히, 끝까지

비능률적인 것들 중에서도 가장 심한 행위는 바로 온종일 한 가지 일을 하는 것입니다.

온종일 한 가지 공부만 하는 것이 가능할까요? 온종일 앉아서 일만 하는 것은 또 어떨까요?

인간은 본래 돌아다니는 동물이었습니다. 그런 인간이 한 군데에서 한 가지 일만 하다 보면 지루해하며 견디기 힘들어하는 건 당연지사죠. 게다가 그 일이 몸은 쓰지 않고 머리만 쓰는 것이라면 더더욱 곤란합니다. 인간은 돌아다니는 동물이었을 뿐만 아니라 이후에도 사냥이 되었건 유목이 되었건 농사가 되었건 몸을 쓰며 살아왔기 때문입니다.

간혹 시험을 준비한다든가 진로를 바꾸어야겠다면서 휴학을 하거나 직장을 그만두고 공부만 하겠다는 사람들이 있습니다.

"난 한 번 만에 붙어야 해. 하루에 무조건 20시간씩 공부할 거야. 기숙 학원 들어가서 아무도 안 만나고 공부만 할 거야."

독하게 마음먹고 공부를 시작하지만, 어디 며칠이나 가던가요. 이런 이들은 실패하기 십상입니다. 친구들과 너무 심하게 어울리며 공부를 제대로 못 하는 것도 문제지만, 이렇게 너무 공부만 하는 것도 결코 능률적이지 않습니다. 집중력에도 한계가 있고, 뇌도 지치기 때문이죠. 친구들과 잠깐씩 차를 마시며 푸념을 나누는 10여 분의 시간, 공부를 마치고 집에 돌아와 가족들과 하루 동안 있었던 일들에 대해 이야기하며 저녁을 먹는 30여 분의 시간 등이 뇌에는 신선한 자극이 되어 줍니다. 그렇게 잠깐씩 새로운 자극을 받으며 쉰 뇌는 집중력이 향상되게 마련이죠.

이 이야기는 비단 공부에만 해당되지 않습니다. 우리는 무언가 계획을 세우면 그것을 빨리 이루고 싶은 마음에 마음먹은 그 날부터 너무 힘을 빼기 일쑤입니다. 너무 이성적이고 감정이 메말랐다는 평가를 들은 사람이 고민 끝에 매일 시를 한 편씩 외우기로 마음먹습니다. 벌써부터 시집 한 권을 다 외울 생각에 뿌듯합니다. 그렇게 첫 번째 시를 외워봤는데, 생각만큼 어렵지 않습니다. 열의에 불타 한 편, 또 한 편, 또 한 편을 외웁니다. 그러고는 스스로 질려버리죠. 다음 날 아무것도 기억에 남는 것이 없자, '에이, 내 주제에 무슨 시냐' 이런 생각을 하면서 곧 포기해버리고 맙니다.

중요한 것은 목표를 이룰 때까지 느린 발걸음으로라도 한 발, 한 발 계속해서 나아가는 것입니다. 그렇습니다. 속도가 아니라 꾸준함이 더 중요합니다. 처음에 너무 힘을 빼는 것은 정말로 비능률적인 행동입니다. 내가 이 목표를 이루는 데 쏟은 에너지가 남김없이 제대로 활용될 수 있도록 꼼꼼하게 계획을 세우고 그에 맞춰 꾸준히 나아가야 합니다. 결국 최후에 이기는 사람은 끝까지 완주한 사람이라는 점을 잊지 말아야 합니다.

게으름과 헤어지는 법

- 자신이 올빼미형 인간이라는 확신이 든다면, 생활 패턴을 그에 맞게 모두 바꿔보세요. 남들이 모두 아침형 인간으로 산다고 해서 똑같이 따라갈 필요는 없습니다.
- 자신의 집중력 수준을 고려해 일의 밸런스를 맞춰보세요. 쉬운 것과 어려운 것, 재미있는 것과 지루한 것을 번갈아 넣어 계획을 세우되, 온종일 한 가지 것만 지속하는 우를 범해선 안 됩니다.

일단 시작하라. 일단 끝내라

아침에 출근하려고 이 옷, 저 옷을 입어 보다가 침대에 옷가지들을 집어던지고 출근하는 이들이 많습니다. 이들은 이렇게 생각합니다.

'아, 차 시간 얼마 안 남았네. 이따 퇴근하고 들어와서 정리해야지.'

그런데 어디 그게 제대로 되던가요. 퇴근하고 돌아오면 세상만사 다 귀찮고 피곤하기만 합니다. 자연스럽게 입었던 옷들을 고스란히 침대 위에 벗어두고 또 이렇게 생각합니다.

'어차피 내일 아침에 또 옷 꺼내서 입어야 하는데, 그때 한꺼번에 집어넣지 뭐.'

아이고, 정말 그게 그렇게 되던가요. 나중에는 결국 이런 마음이 됩니다.

'너무 쌓였네. 주말에 쉴 때 한꺼번에 치워야지.'

이렇게 몇 주가 지나고 결국 침대는 옷으로 가득 차게 됩니다. 하는 수 없이 옷더미를 침대 아래로 던지고 잠을 잡니다. 어느새 침대 위고 방바닥이고 발 디딜 틈 없이 옷이 가득 차게 되죠. 보다 못한 엄마의 불호령이 떨어지면, 볼멘 목소리로 이렇게 대꾸합니다.

"나도 치우려고 했는데 계속 바빴단 말이야. 치울 거야, 치울 거라고."

하지만 막상 치우려고 보니 엄두가 나질 않습니다. 며칠 후, 방이 온통 옷으로 가득 차게 되자 어쩔 수 없이 베개를 들고 거실 소파 위에 가서 잠을 청합니다.

하루에 한 벌씩

이 이야기를 보며 '이런 사람이 다 있어?' 하는 분들도 있지만 속으로 찔리는 분들도 분명 많을 겁니다. 우리 주변에서 흔히 들는 에피소드죠. 이들은 언제나 "나는 날 잡아서 한꺼번에 치우는 타입이야"라고 말하지만, 그 잡는다는 날이 1년에 며칠 없다는 게 문제입니다. 실제로는 그런 타입이 아니라, 그냥 게으른 것일 뿐입니다.

이들이 '날 잡아서 한꺼번에 치우'겠다고 하는 말은 전혀 빈 말이 아닌 꽉 찬 진심입니다. 바로 그 점이 문제입니다. 그 말이 빈 말이 아니라는 점.

그 많은 옷들을 하루 날 잡아서 치우려면 도저히 엄두가 나지 않을 겁니다. 그러니 한꺼번에 치우고 싶은 마음을 잠시 접어두고 하루에 한 벌씩만 옷을 치우는 것으로 계획을 세워보세요. 아무리 옷이 많다 한들 100벌을 넘어가기는 힘들 겁니다. 하루에 한 벌씩 정리하다 보면, 아무리 길어도 100일 안에 다 정리를 끝낼 수 있습니다.

무엇이든 일단 시작하는 것이 중요합니다. 온 집안을 청소하는 게 너무 힘들 것 같나요? 그럼 하루에 방 하나씩만 청소해보세요. 그것도 힘들다면 하루에 한 평씩만 걸레질을 한다고 생각해보세요. 책장 정리를 시작할 엄두가 안 나나요? 하루에 한 칸씩만 정리를 해보세요. 최소한 한 달 안에 다 끝낼 수 있습니다.

이보다 훨씬 복잡한 일을 할 때도 비슷하게 접근해보세요. 흔히 무언가를 시작할 때 우리는 언제나 완성을 염두에 두곤 합니다. 그러다 보니 복잡한 일을 만났을 때 '어떻게 계획을 세워 이 일을 해치울 수 있을까'를 먼저 생각합니다. 당연히 어디서부터 손을 대야 할지 엄두가 나질 않습니다. 자신이 감당할 수 없는 일처럼 느껴지죠. 그래서 아예 시작도 하기 전에 포기해버리는 수가 많습니다.

복잡한 일을 할 때 차근차근 계획을 세워 순서대로 하려고 하는 것, 이것이 문제입니다. 그런 생각을 할수록 머릿속이 더 복잡해지게 마련인데요. 그렇게 자극이 복잡하면 복잡할수록 주의 집중과는 거리가 멀어지고 맙니다. 우리는 예측 가능한 일을 만났을 때 주의력이 상승해 집중해서 일도 할 수 있는 법이거든요. 예측이 어려운 일을 만나면 자연히 주의력이 떨어지게 되어 있습니다.

그러므로 복잡한 일을 만났을 때는 처음부터 질서정연하게 하려고 할 필요 없습니다. 가장 만만하다는 생각이 드는 부분부터 이것도 찔러보고 저것도 찔러보세요.

TV를 샀을 때 매뉴얼을 하나하나 공부해서 작동시키는 사람

뭐지?! 출발하자 마자
완주한 듯한 이 기분은!!
START

은 거의 없죠? 일단 여기저기 누르고 볼 겁니다. 때로는 그런 식으로 일을 시작할 필요가 있습니다.

우리 뇌에는 '잠재 기억'이라는 기능이 있습니다. 그래서 이것저것 건드리다 보면 저절로 기억이 됩니다. 그리고 그러한 잠재 기억 조각들이 쌓이다 보면 나중에는 서로 맞물려 거대한 그림을 완성하게 되죠.

흔히 "시작이 반"이라고들 말합니다. 저는 이런 말을 들으면 "아니요, 시작이 99퍼센트입니다"라고 말합니다. 이는 자꾸 일을 미루는 분들에게는 금과옥조와 같습니다.

너무 처음부터 완벽하게 하려 하지 마세요. 익숙한 것, 손에 잘 잡히는 것부터 해보는 겁니다. 그러다 보면 어느 순간 머릿속에 자연스럽게 큰 그림이 그려져 있을 거예요. 그렇게 마음의 지도가 대략 만들어지고 나면 그 다음부터는 훨씬 일하기가 수월해집니다. 완벽하게 하려다 보면 영영 시작도 못한다는 사실을 꼭 기억하세요.

목표를 끝까지 완수하는 데는 다양한 변수가 존재합니다. 그런데 우리가 항상 올바른 선택만을 하지는 못합니다. 때론 나쁜 선택도 하게 마련이죠. 다만 확률적으로 좋은 선택이 나쁜 선택보다 더 많으면 됩니다. 아무 선택도 하지 않으면 아무 일도 일어나지 않아요. 이것이 최악입니다. 그러니 일단 뭐가 되었건 해보는 것이 중요합니다.

첫째는 '기한' 둘째가 '질'

일단 시작하고 보는 것 못지않게 중요한 것이 일단 끝내고 보는 것입니다. 이는 특히나 기한이 있는 일일 때 더욱 중요하죠.

"컴퓨터 하기 전에 숙제부터 끝내!"

엄마는 오늘도 아이에게 잔소리를 합니다. 그럼 여지없이 아이는 이렇게 말하죠.

"하던 것만 마저 하고."

그 컴퓨터는 아마 몇 시간 동안 꺼지지 않을 겁니다. 우리는 이 "이것만 하고" 심리를 버리지 못하는 이상 절대 게으름에서 벗어나지 못합니다. 지금 안 하면 영영 못 한다는 사실을 뇌에 새겨야 합니다. 간혹 이런 이야기를 하면 볼멘소리로 다음과 같이 이야기하는 이들이 있습니다.

"저도 제 시간에 과제 내고 싶죠. 그런데 시간이 없는 걸 어떡해요. 어차피 망한 거, 다음 과제 때 잘하면 되죠. 엉망인 상태로 내느니 완벽하게 해서 한 번에 만회하는 게 나아요."

천만의 말씀입니다. 마감 기한을 지키는 것과 지키지 않는 것은 엄청난 차이입니다. 첫 번째로 중요한 것이 '기한', 두 번째로 중요한 것이 '질'입니다. 엉망이라도 좋으니 기한이 정해진 일은 무조건 그 안에 결과를 내야 한다는 말입니다.

처음부터 10장짜리 과제물을 작성하거나 30장짜리 보고서를 쓰기가 막막하다면, 우선 한 장만 만들어 끝내보세요. 그것을 조금씩 늘려 5장, 10장, 20장, 30장으로 늘려나가는 겁니다. 30장까지 늘리지 못하더라도 괜찮습니다. 한 데까지만 제출해도 아무것도 제출하지 않은 것보다는 백 번 나을 테니까요.

게으름과 헤어지는 법

- 한 번에 모든 것을 하려 하지 마세요. 제풀에 지쳐 그만둘 수 있으니까요. 무엇을 하든 매일에 걸쳐 조금씩 나눠 한다고 생각하면 시작하기도 쉽고, 그것이 습관화되어 부지런해질 수 있습니다.
- 처음부터 완벽하고 철두철미한 계획을 세우지 마세요. 가벼운 마음으로 찔러본다고 생각하고 시작하세요. 그렇게 대략적인 것을 파악하고 조금씩 고삐를 죄어가야 의지력이 오래갈 수 있습니다.
- 내가 정한 목표에 마감 기한이 있다면 이것을 무조건 맞추세요. 질은 나중에 따져도 됩니다. 기한 내에 부족한 결과물을 만드는 것이 기한 내에 아무것도 못 하는 것보다 훨씬 중요하니까요.

자기효능감 회복하기

심리학을 공부하다 보면 반드시 거론되는 것 중 하나가 '자존감'이라는 개념입니다. 자존감을 이루는 요소에는 여러 가지가 있지만, 그중 가장 대표적인 것이 바로 '자기효능감'입니다. 자기효능감에 대해서는 앞서 잠시 언급한 바 있는데요. 게으름을 이야기할 때 반드시 짚고 넘어가야 하는 부분인 만큼 조금 더 깊이 다루려고 합니다.

저명한 스포츠 심리학자 앨버트 반두라Albert Bandura는 사람이 무언가를 하면서 자신이 잘한다는 느낌을 받는 것을 '자기효능감'이라는 말로 표현했습니다. 이 자기효능감이 높을수록 우리는 게으름에서 쉽게 벗어날 수 있습니다. 한편으로는 자기효능감이 높아질 수 있는 목표를 찾는 것 역시 게으름 탈출의 열쇠가 될 수 있을 것입니다.

자기효능감의 네 가지 기둥

자기효능감에 영향을 미치는 요소는 다음의 4가지입니다.

수행 성취

수행 성취란 쉽게 말해 직접 경험을 해보는 것입니다. 누구나 새로운 일을 하게 될 때는 망설이게 마련입니다. 운전면허를 따고 처음 운전을 하는 날, 떨지 않고 능숙하게 운전하는 사람이 얼마나 될까요? 그러나 지옥 같은 첫 운전이 끝나고 나면, 그 다음은 좀 더 쉬워집니다. 막상 해보고 나니 자신감이 붙는 것이죠. 이처럼 일단 해보고 나서 자신이 생각보다 잘한다는 것을 깨닫고 나면, 두려움이 줄어들어 자기효능감이 높아지게 마련입니다.

대리 경험

남들이 하는 것을 보면서 학습하는 것을 의미합니다. 회사에 들어와 선배나 다른 동료가 하는 업무를 어깨 너머로 보면서 배우는 것이 여기에 해당되죠. 이런 간접적인 경험을 통해 방법을 배우게 될 뿐 아니라 '저 정도면 나도 할 만해'라든가 '내가 하면 저것보다는 잘할 것 같은데' 하는 자신감을 얻게 됩니다.

언어적 설득

문자 그대로, 말을 통한 설득을 뜻합니다. 어떤 과제를 두고 도저히 할 수 없다는 생각이 들었을 때 누군가가 "그게 얼마나 중요한 일인데, 꼭 해야 한다고"라든가 "네가 생각하는 것보다 그렇게 어렵지 않아. 네 능력 정도면 충분히 할 수 있어"라며 설득을 해주는 것이라고 생각하면 쉽습니다. 그런 설득에 감화되어 '그래, 나도 할 수 있겠어'라는 마음을 먹게 된다는 것입니다.

정서적 각성

칭찬이나 야단치는 것을 말합니다. 과제를 수행할 때 "너 정말 잘하는구나"라는 말을 듣게 되면 신이 나서 더 잘하고 싶은 마음이 들고 스스로가 대단한 사람인 양 느껴지는 것, 실수를 저질렀을 때 "너, 그것밖에 안 되는 사람이었니?"라는 꾸중을 듣고 정신이 번쩍 들면서 제대로 해내고픈 마음이 드는 것 등이 여기에 해당됩니다.

자기효능감을 높이는 데는 수행 성취, 대리 경험, 언어적 설득, 정서적 각성 순으로 영향을 미칩니다. 그런데 언어적 설득이나 정서적 각성은 실제로 거의 영향을 미치지 못한다고 하네요.

결국 수행 성취가 가장 중요하다는 말이 될 텐데요. 죽이 되든 밥이 되든 일단 시도해보고 하면 된다는 것을 깨닫지 않는 한, 사람들은 자신의 잠재력을 평생 알 수 없고, 때문에 자기효능감을 충분히 높이지 못한다는 것입니다. 하기 싫더라도 일단 하고 난 다음부터는 자신의 능력 수준에 맞는 일련의 과제들을 성공적으로 수행해나갈 수 있습니다. 그렇게 과제의 난이도가 높아질수록 점점 도전의식에 불타오르게 되고, 그것을 하나하나 정복해나갈수록 게으름과는 영영 멀어지게 마련인 거죠.

대리 경험도 어느 정도 자기효능감 형성에 중요한 역할을 합니다. 옆에서 일하는 것을 관찰하는 것이 자신감을 갖는 데 분명 도움이 된다는 것입니다. 하지만 관찰만으로는 충분하지 않습니다. 실천이 뒤따르지 않으면 그 효과는 제한적일 수밖에 없기 때문입니다.

언어적 설득의 경우가 재미있는데요. '이렇게 해야 한다' '저렇게 해야 한다'는 설명은 생각보다 자신감을 형성하는 데 도움이 안 된다고 합니다. 설득하는 사람 입장에서는 이 정도로 설명하고 설득했으면 알아들을 법도 하다고 생각하겠지만, 전혀 그렇지 않다는 것입니다. 따라서 '내가 이렇게 열심히 말했는데, 그것밖에 못하느냐'는 식으로 말해선 안 되는 것입니다.

정서적 각성은 효과가 더 미미하다는군요. 격려의 말이야 많이 해도 손해볼 것이 없으니, 자꾸 하면 할수록 좋을 겁니다. 그러나 격려가 꼭 자부심으로 이어지는 것은 아닙니다. 게다가 야단은 아무리 쳐도 그렇게 소용이 있지 않죠. 자기효능감은커녕 반발심과 자기 비하로 이어질 공산이 큽니다. 부모에게 야단을 많이 맞고 자란 아이는 성인이 되어서도 직장상사가 뭐라고 한마디만 하면 쉽게 상처받곤 합니다. 일종의 피해의식이 작동하면서 억울함에 사로잡혀 며칠간 일을 못 하기도 하죠.

작은 성취 쌓아가기

결국 자기효능감을 높이기 위해서는 수행 성취, 그것도 '성공적인 수행 성취'가 있어야 합니다. 무엇이 되었건 일단 성공을 해보아야 한다는 것입니다.

수영을 처음 배우기로 한 사람이 처음부터 박태환을 목표로 해선 안 됩니다. 일단은 물에 뜨는 것을 목표로 삼고 이것을 이뤘을 때 그 작은 성취에 기뻐하며 다음 목표를 세워야 합니다. 그렇게 작은 성취가 모여 자신감이 쌓이고 난 후, 좀 더 큰 목표를 세워도 늦지 않습니다.

문제는 물에 뜨는 것조차 쉽지 않을 때입니다. 가장 쉬운 목표조차 이루지 못했을 때 우리는 좌절하고 부끄러워하며 쉽사리 포기합니다. 수영 코치가 왜 수업에 안 나오느냐고 하면 이 핑계, 저 핑계를 대면서 계속 수업에 빠지게 되죠.

그런데 낯선 일에 처음 도전하면 실패할 가능성은 당연히 클 수밖에 없습니다. 처음 무언가를 시작했을 때 내가 좀 더 잘하는 것이 있고, 내 친구가 좀 더 잘하는 것이 있는 법입니다. 모든 것을 다 잘하는 사람은 세상에 없습니다.

이런 점을 새기고 마음을 다잡은 후 다시 도전을 한다 해도, 몇 번의 실패가 거듭되다 보면 지치게 마련입니다. 그럼에도 불구하고 끝까지 포기하지 않으려면 방법은 하나, 그 일을 좋아하는 것뿐입니다. 최소한 그 일을 해나가는 과정에 내가 좋아하는 요소가 하나라도 있어야 합니다.

난생처음 운동을 꾸준히 하기로 마음먹은 분이라면 다음과 같은 질문에 답을 해보세요.

혼자 있는 것이 더 좋은지, 사람들과 함께 있는 것이 더 좋은지?

혼자 있는 것이 더 좋다면 혼자 하는 운동을, 사람들과 함께 있는 것이 더 좋다면 여러 사람과 함께 할 수 있는 운동을 고릅니다.

물이 좋은지, 싫은지?

물이 좋다면 수영이나 스킨스쿠버 같은 운동을, 싫다면 그 밖의 운동을 고릅니다.

실내가 좋은지, 실외가 좋은지?

실내가 좋다면 PT나 요가 같은 운동을, 실외가 좋다면 조깅이나 등산 같은 운동을 고릅니다.

이런 식으로 몇 가지 질문에 답을 해보면서 내가 무엇을 좋아하는지 탐색해보는 것입니다. 공부도 마찬가지겠죠. 외국어를 하나쯤 배워야겠다고 생각한다면, 자신이 좋아하는 나라부터 생각해야 할 것이고요. 만약 선택의 여지없이 특정 언어를 공부해야 하는 상황이라면, 최소한 공부 방법만큼은 내가 좋아하는 방식으로 선택할 수 있어야 합니다.

인간은 자기가 무언가를 잘하고 쓸모 있다는 생각이 들지 않으면, 무기력감에 빠져 한도 끝도 없이 게을러지는 그런 존재입니다. 때문에 타고나길 불가능에 도전하는 것을 즐기는 소수의 특별한 사람이 아닌 이상, 일단은 열 번 찍어 넘어갈 것 같은 나무를 골라 열심히 찍는 게 현명합니다. 자꾸 자신이 좋아하지도, 잘하지도 않는 일에 너무 많은 시간을 투자하는 것은 게으름을 습관화하는 지름길이 될 수 있습니다.

이는 오르지도 못할 나무, 쳐다보지도 말라는 뜻이 아닙니다. 처음부터 너무 큰 과제에 도전했다가 흥미는 물론 의지력까지 잃는 우를 범하지 말자는 것입니다. 좋아하는 것부터 시작해 작은 성공을 하나하나 이어가다 보면, 마침내 어느 순간 이전에는 생각지도 못했던 커다란 과제에 도전하는 자신을 발견할 수 있을 것입니다.

한 걸음, 한 걸음씩 묵묵히 앞으로 나아가는 여러분을 온 마음을 다해 응원합니다.

· 권재원 지음, 《컴퓨터 게임, 중독증의 이해와 치료》, 한국학술정보(2007)
· 김정호 외 지음, 《스트레스의 이해와 관리》, 시그마프레스(2010)
· 이종목 지음, 《직무 스트레스의 이해와 관리전략》, 전남대학교출판부(2008)
· 고쿠분 고이치로 지음, 최재혁 옮김, 《인간은 언제부터 지루해했을까?》, 한권의책(2014)
· 글렌 O. 가바드 지음, 이정태 외 옮김, 《역동정신의학 4판》, 하나의학사(2008)
· 낸시 맥윌리엄스 지음, 정남운 외 옮김, 《정신분석적 진단-성격구조의 이해》, 학지사(2008)
· 대니얼 L. 샥터 지음, 민경환 외 옮김, 《심리학개론 3판》, 시그마프레스(2016)
· 데이비드 G. 마이어스 지음, 신현정 외 옮김, 《마이어스의 심리학 8판》, 시그마프레스(2008)
· 매기 잭슨 지음, 왕수민 옮김, 《집중력의 탄생》, 다산초당(2010)
· 매트 리들리 지음, 김한영 옮김, 《매트 리들리의 본성과 양육》, 김영사(2004)

· 버트런드 러셀 지음, 송은경 옮김, 《게으름에 대한 찬양》, 사회평론(2005)
· 스티븐 존슨 지음, 윤명지 외 옮김, 《바보상자의 역습》, 비즈앤비즈(2006)
· 스티븐 핑커 지음, 김한영 옮김,《마음은 어떻게 작동하는가》, 동녘사이언스(2007)
· 안드레아 록 지음, 윤상운 옮김, 《꿈꾸는 뇌의 비밀》, 지식의숲(2006)
· 알베르트 반두라 편저, 윤운성 외 옮김, 《변화하는 사회 속에서의 자기효능감》, 학지사(2004)
· 에드워드 E. 스미스 지음, 장현갑 외 옮김, 《힐가드와 애트킨슨의 심리학 원론 제14판》, 박학사(2004)
· 에이드리언 레인 지음, 이윤호 옮김, 《폭력의 해부》, 흐름출판(2015)
· 크리스토프 앙드레 외 지음, 김용채 옮김, 《스트레스-보이지 않는 그림자》, 궁리(2003)
· 하워드 가드너 지음, 문용린 외 옮김, 《다중지능》, 웅진지식하우스(2007)
· 하워드 가드너 지음, 임재서 옮김, 《열정과 기질》, 북스넛(2004)
· 하워드 가드너 지음, 이현우 옮김, 《체인징 마인드》, 재인(2005)
· American Psychiatric Association 지음, 권준수 옮김, 《DSM-5 정신질환의 진단 및 통계 편람 5판》, 학지사(2013)

게으름도 습관이다

초판 1쇄 발행일 2017년 1월 5일
초판 16쇄 발행일 2023년 3월 20일

지은이 최명기

발행인 윤호권
사업총괄 정유한

편집 신수엽 **디자인** 윤석진 **마케팅** 명인수
발행처 ㈜시공사 **주소** 서울시 성동구 상원1길 22, 6-8층(우편번호 04779)
대표전화 02-3486-6877 **팩스(주문)** 02-585-1755
홈페이지 www.sigongsa.com / www.sigongjunior.com

ISBN 978-89-527-7776-8 03320

*시공사는 시공간을 넘는 무한한 콘텐츠 세상을 만듭니다.
*시공사는 더 나은 내일을 함께 만들 여러분의 소중한 의견을 기다립니다.
*알키는 ㈜시공사의 브랜드입니다.
*잘못 만들어진 책은 구입하신 곳에서 바꾸어 드립니다.